• 과학 교과서 관련 •

5학년 1학기
2. 온도와 열

6학년 2학기
3. 연소와 소화

6학년 2학기
5. 에너지와 생활

글 서지원

한양대학교를 졸업하고 《문학과 비평》에 소설로 등단해, 지식과 교양을 유쾌한 입담과
기발한 상상력으로 전하는 이야기꾼입니다. 지식 탐구 능력과 창의적인 문제 해결 능력을
스토리텔링으로 풀어낸 책 250여종 중에서 중국, 대만 등에 수십 종의 책이 수출되었고,
서울시 올해의 책, 원주시 올해의 책, 문화체육관광부와 한국도서관협회가 뽑은 우수문학도서
등에 선정되었습니다. 2009 개정 초등 국정 교과서와 고등 모델 교과서를 집필했고,
초등학교 4학년 2학기 국어 교과서에 동화가 수록되었습니다.
쓴 책으로는 《빨간 내복의 초능력자 (시즌 1) 1~5》 《마지막 수학전사 1~5》
《몹시도 수상쩍은 과학교실 1, 2, 3》 등이 있습니다.

그림 이진아

'십만원영화제'의 포스터 디자인을 시작으로 여성영화제, 인디다큐페스티발,
인디애니페스트 등 다양한 문화제와 영화제의 포스터를 그렸습니다. 그 밖에도
프리랜서 일러스트레이터로 다양한 작업을 하고 있습니다.
그린 책으로는 《생각이 크는 인문학》 시리즈, 《그릉 그릉 그릉》, 《나쁜 고양이는 없다》,
《빨간내복의 초능력자》, 《산이 부른다 1, 2》 등이 있습니다. 작가의 인스타를
방문하시면 더 다양하고 재미있는 일상툰을 만나보실 수 있습니다.
www.instagram.com/altodito

감수 와이즈만 영재교육연구소

창의 영재수학과 창의 영재과학 교재 및 프로그램을 개발했습니다. 구성주의 이론에
입각한 교수학습 이론과 창의성 이론 및 선진 교육 이론 연구 등에도 전념하고 있습니다.
국내 최고의 사설 영재교육 기관인 와이즈만 영재교육에 교육 콘텐츠를 제공하고
교사 교육을 담당하고 있습니다.

빨간 내복의 초능력자

와이즈만 과학동화

빨간 내복의 초능력자
❷ 에너지의 초능력을 깨닫다!

1판 1쇄 발행 2012년 6월 5일
1판 15쇄 발행 2023년 11월 20일

서지원 글 | 이진아 그림 | 와이즈만 영재교육연구소 감수

발행처 와이즈만 BOOKs
발행인 염만숙
출판사업본부장 김현정
편집 강숙희 원선희 양다운
디자인 윤현이
마케팅 강윤현 백미영 장하라

출판등록 1998년 7월 23일 제 1998-000170
제조국 대한민국
사용 연령 8세 이상
주소 서울특별시 서초구 남부순환로 2219 나노빌딩 5층
전화 마케팅 02-2033-8987 편집 02-2033-8983
팩스 02-3474-1411
전자우편 books@askwhy.co.kr
홈페이지 mindalive.co.kr

저작권자 ⓒ 2012 서지원 이진아
이 책의 저작권은 서지원 이진아에게 있습니다.
저자와 출판사의 허락 없이 내용의 일부를 인용하거나 발췌하는 것을 금합니다.
* 와이즈만 BOOKs는 (주)창의와탐구의 출판 브랜드입니다.
잘못된 책은 구입처에서 바꿔 드립니다.

빨간 내복의 초능력자

❷ 에너지의 초능력을 깨닫다!

서지원 글 | 이진아 그림 | 와이즈만 영재교육연구소 감수

와이즈만 BOOKs

작가의 말 _6

여섯 번째 사건 **'열'의 초능력을 알게 되다!** _9

초능력자의 과학일기 열을 받으면 왜 뜨거워지는 걸까? _46

일곱 번째 사건 **'에너지'의 초능력을 깨닫다!** _49

초능력자의 과학일기 에너지는 어떻게 모양을 바꾸는 걸까? _78

| 여덟 번째 사건 | '힘'의 초능력을 발견하다! _81 |

초능력자의 과학일기 아주 긴 지레가 있다면, 지구를 들 수 있을까? _100

| 아홉 번째 사건 | 빨간내복 초능력자의 탄생! _103 |

작가의 말

융합형 과학 인재로 성장하세요!

여러분은 혹시 과학 시간에 선생님에게 이런 질문을 던지고 싶지 않은가요?

"전기가 어떤 물질을 통과하는 건 왜 배우는 건가요? 저는 이런 지식이 왜 필요한지 모르겠어요."

이 질문은 이 책의 주인공인 나유식이 던진 질문입니다. 선생님을 엄청나게 화나게 한 질문이지만, 나유식의 질문이야말로 우리 교육에 꼭 필요한 부분을 지적하고 있어요. 과학은 그저 딱딱하고 비현실적이며 지식을 외우는 과목이 아니거든요.

이 책에서 나유식은 계속 호기심을 던져요. 냉장고가 어떻게 음식을 차갑게 하는지, 전자레인지는 어떻게 음식을 익히는지 등을 궁금해 해요. 그러면서 그 속에 숨어 있는 기초 과학의 원리에 대해 하나씩 깨달아 가요. 이것이 바로 나유식이 '공학'에서 '기초 과학'의 원리를 깨우치는 과정입니다. 그리고 이것이 '창의적인 과학 교육'

이라고 할 수 있어요. 창의적인 과학 교육은 기초 과학이란 틀을 벗어나 기술과 공학, 제품 등을 융합해서 새로운 것을 창조해 내는 것이에요. 이것을 '융합'이라고 하지요.

지금 전 세계는 '융합'으로 발전하고 있어요. 스마트폰이나 태블릿 PC 같은 것이 대표적인 융합 제품이에요. 융합 기술은 우리의 삶과 사회 구조를 완전히 바꾸고 있지요.

여러분의 과학 교육도 '융합'으로 바뀌고 있어요. 초등학교에서는 2013년부터 융합 인재 교육이 본격적으로 시작돼요. 융합 인재 교육(STEAM)이란, 학생들이 재미없다고 느끼는 수학(Mathematics)과 과학(Science)을 기술(Technology)과 공학(Engineering), 나아가 예술(Arts)과 연결하고 융합해요. 그래서 융합적 사고력을 키우고, 창의적인 문제 해결 능력을 갖추게 하지요. 예전의 과학은 나무는 볼 수 있어도 숲은 볼 수 없었지만, 융합형 과학은 기초 과학과 기술, 공학, 예술 등을 연결해서 커다란 숲을 볼 수 있는 능력을 키워 줍니다.

여러분이 융합형 과학 인재가 되려면 나유식처럼 여러분 주변에 있는 것들에 대해 호기심을 가지세요. 과학은 멀리 있는 공부가 아니에요. 우리 주변의 물건들에 대해 '왜?'라는 질문을 던져 보세요. 여러분이 통찰력과 상상력으로 가득 찬 융합형 과학 인재가 되기를 바랍니다.

서지원

여섯 번째 사건

'열'의 초능력을
알게 되다!

어느새 한 권의 과학일기를 다 쓰고, 오늘 새 일기장을 폈쳤다. 하얀 종이가 나를 가만히 바라보며 무슨 글자를 써 줄지 기다리는 것 같다. 다른 아이들은 선생님에게 검사를 받으려고 억지로 일기 같지도 않은 일기를 쓰지만, 나는 그렇지 않다.

내게는 두 개의 일기장이 있다. 하나는 학교에 내는 일기장, 다른 하나는 나의 초능력을 기록하는 비밀 일기인 과학 일기장이다.

내 이름은 '나유식'. 이름으로 따지자면, 나는 지구에서 최고로 유식하다. 그런데 우리 반 아이들은 '너무식'이라고 부른다. '너 무식해!'의 준말이란다. 쯧쯧쯧, 하는 짓들이 꼭 초딩 같군.

내 나이는 열한 살. 물론 초등학교 4학년이다.

우리 집으로 말할 것 같으면, '과학자의 집'이다. 아빠 말씀에 의하면, 우리 가족은 '사이언스 패밀리'란다.

　우리 가족은 아빠와 엄마, 누나와 나 이렇게 넷이다. 내가 3학년까지만 해도 나는 아빠가 로봇을 만드는 박사로 알았다. 지구의 평화를 지킬 거대 로봇을 설계하는 박사 말이다. 아빠는 이제 곧 완성할 거대 로봇의 조종사로 나를 임명할 거라는 말씀을 자주 하셨다. 나는 흥분해서 아빠가 시키는 일이라면 뭐든 했다.

　하지만 4학년이 되었을 때 나는 알았다. 아빠는 진공청소기, 냉장고, 세탁기, 텔레비전 같은 가전제품을 만드는 회사에 다닌다는 것을! 배신감이 너무 깊어서 며칠 동안 아빠하고 말을 안 했다.

엄마는 중학교 과학 선생님이다. 다른 사람에겐 특별할 게 없지만 내게는 '바로바로 궁금증을 해결해 주는 실시간 지식인'이다. 궁금한 게 있을 때 엄마한테 물어보면 엄마는 과학에 대해서만큼은 바로바로 대답해 준다. 엄마는 내가 천재 과학자가 될 거라고 믿고 있다. 내가 호기심이 많기 때문이란다. 하지만 내 과학 점수는 항상 80점 아래다. 과학 시험에는 내가 알고 있는 건 안 나오고 모르는 문제만 나오기 때문이다.

 우리 누나는 그러니까…… 눈썹이 없다. 지금 누나의 얼굴에 그려진 저 눈썹은 가짜 눈썹이다. 내가 그만 누나의 눈썹을 태워 버렸다. 가짜 눈썹을 그린 누나의 얼굴은 절에 있는 아기 보살 같다.

 한 달 전, 내게 충격적인 사건이 벌어졌다. 내가 초능력자가 된 것이다!

우리 집 마당에 콩알 반쪽만 한 별똥별이 떨어졌고 그 별똥별을 내 콧구멍에 넣는 순간, 내게는 보이지 않는 힘이 생겼다. 손가락에서 전기가 나오는가 하면 투명인간이 되기도 했다. 또 눈동자가 리모컨으로 변해 텔레비전 채널을 돌렸고 다른 사람의 마음을 읽는 능력도 생겼다.

이 초능력은 내가 새로운 과학 지식을 하나씩 깨달아 갈 때마다 생겨났다. 아마 별똥별과 과학 지식의 원리가 만나면서 내 뇌 속에 새로운 변화를 일으키는 모양이다. 내가 알아낸 것은 여기까지다. 아직 나의 초능력은 완벽하지 않다.

나의 초능력을 완벽하게 만들려면 과학 지식을 더 완벽하게 깨달아야 한다. 그러려면 호기심이 많아야 한다. 난 원래 호기심이 많지만 지금은 더 많아졌다.

아인슈타인과 뉴턴이 그랬다. 천재로 만드는 것은 호기심이라고. 호기심을 갖고, 그 호기심을 풀어내기 위해 끈기 있게 물고 늘어지면 어느새 천재가 된다고 쓴 걸 책에서 읽었다.

"나는 초능력 천재가 될 테다!"
"사람의 마음은 억지로 열려고 해서 열리는 게 아니야."

오늘 책에서 읽은 글이다. 내 머릿속에서 이 글이 계속 맴돈다. 정말 멋진 글이다.

사람의 마음을 억지로 열 수는 없지만 들을 수는 있다. 내게는 그런 초능력이 있다. 상대방의 마음을 들을 수 있다면 언젠가는 열 수 있지 않을까? 상대방의 마음을 내 마음대로 움직일 수 있지 않을까?

상대방의 마음을 듣는 초능력은 소리에 대한 과학 지식을 깨달으면서 생겼다. 나는 소리에 대한 호기심 그러니까 '소리는 왜 나는 걸까?', '소리는 얼마나 빠른 걸까?', '총소리를 듣고 총알을 피할 수 없을까?' 등이 궁금해졌고 이 의문을 풀려고 백과사전을 뒤지고 인터넷을 찾아보고 엄마에게 물어봤다. 그러면서 소리에 대한 과학 원리를 알게 됐다.

그러자 그때부터 마음을 듣는 초능력이 조금씩 생기기 시작했다. 다른 사람의 생각을 읽고, 마음속으로 중얼거리는 소리를 들을 수 있게 된 것이다.

이 초능력을 어디에 써먹을까? 초능력이 계속 내 몸에 남아 있는 게 아니기 때문에 초능력을 쓰려면 기회를 잘 잡아야 한다.

학교에서 선생님이 갑자기 시험을 봤다. '갑자기'가 아니라 일주일 전에 말씀하셨다고 했는데, 나는 오늘이 시험 보는 날이라는 걸 시험지를 받아 보고서야 알았다.

수학 시험이었다. 우리 반만 특별히 치르는 시험이라고 선생님이 말했다. 시험지를 받아 보았을 때 나는 돌을 삼키면 이런 기분이 될 거라는 생각이 들었다. 가슴이 답답하고, 숨 쉬기가 힘들고, 목구멍이 꽉 막힌 것만 같았다. 내가 자신 있게 풀 수 있는 문제는 고작 5개 정도였다.

선생님이 일부러 문제를 어렵게 낸 게 분명했

다. 이런 수준이라면 우리 반에서 수학을 제일 잘하는 희주도 백 점을 못 맞을 거라고 생각했다.

그런데 이때 어디선가 목소리들이 들려왔다.

'선생님은 너무해. 특별 시험이 뭐야?'

'3번인가? 아니야, 4번이야.'

'명철이 걸 훔쳐봤으면 좋겠는데…….'

'망했다! 오늘도 혼이 나겠군.'

나는 교실을 둘러봤다. 그런데 아무도 떠들고 있지 않았다. 아, 난 그제야 눈치챘다. 나의 초능력이 작동하기 시작했다는 것을. 하필이면 시험 시간에 작동할 게 뭐람.

아이들이 불만 섞인 목소리로 궁시렁대는 걸 듣고 있자니

머릿속이 복잡했다. 문제에 집중이 되지 않아 나는 머리를 박박 긁었다.

그런데 이런 사실을 아는지 모르는지 선생님은 교탁 앞에 앉아 시험지를 가만히 내려다보며 고개를 가볍게 끄덕끄덕하면서 콧등을 매만지고 있었다.

그때였다.

'1번의 답은 삼각형, 2번은 1, 3번은 4…….'

그건 분명히 선생님의 목소리였다. 선생님의 목소리가 여러 아이들의 목소리에 섞여 들려오기 시작했다. 내가 선생님의 마음을 읽기 시작한 것이다.

선생님은 눈으로 수학 문제를 풀고 있었다. 나는 선생님의 목소리가 들려오는 대로 답을 적어 내려가기 시작했다. 가슴이 두근거리고 손끝이 떨렸다. 마치 다른 사람의 시험지를 몰래 훔쳐보는 기분이었다.

'20번 문제는 답이 0.414로군. 문제가 조금 어렵지만, 시험은 너무 쉬우면 안 돼. 이번에는 백 점이 안 나올 것 같군.'

선생님은 마지막 문제까지 눈으로 풀고는 의자에서 일어났다. 그리고 아이들을 향해 말했다.

"시험 끝. 제일 뒷사람은 시험지 걷어서 나와라."

아이들은 한숨을 쉬면서 시험지를 냈지만, 나는 여전히 심장이 두근거려 선생님의 눈치를 슬금슬금 봤다. 내일이면 시험 결과가 나올 텐데, 어떻게 될까? 설마 발각되는 것은 아니겠지?

그런데 다음 날, 충격적인 사건이 일어났다. 나만 충격을 받은 게 아니라, 우리 반 아이들과 선생님까지 충격을 받았다. 역시 초능력은 함부로 쓰는 게 아니었다. 지금 돌이켜 봐도 끔찍한 일이었다. 다시는 겪고 싶지 않았다.

아침에 학교에 가자 선생님이 어제 본 시험지를 나눠 줬다. 그리고 헛기침을 하더니 심각한 얼굴로 입을 열었다.

"이번 시험이 어려웠나요? 반 평균이 65점이에요. 80점을 넘는 친구가 세 명밖에 없었어요."

"정말 어려웠어요."

"선생님, 너무하세요."

아이들이 불만 섞인 목소리를 터트렸다.

"그런데 이번에 선생님이 깜짝 놀란 일이 벌어졌어요. 선생님이 채점을 하면서 몹시 놀라 잘못 채점을 한 게 아닌가 생각하고 다시 확인을 해 봤어요. 이런 일은 선생님이 20년 동안 교사 생활을 하면서 처음 겪은 일이에요. 선생님이 충격을 받아 다른 선생님들에게 시험지를 보여 줬을 정도예요. 어떻게 이런 일이 일어났는지 선생님은 아직도 믿기지가 않아요."

아이들의 눈이 동그래졌다. 난 다시 가슴이 두근거리기 시작했다. 선생님이 나를 몇 번 바라봤기 때문이다.

"나유식!"

선생님이 나를 불렀다.

"네?"

난 자리에서 벌떡 일어났다.

"유식이는 이번에 몇 점을 받은 것 같니?"

"저도 잘 모르겠……."

나는 얼버무렸다.

"유식이는 이번에 90점을 받았습니다. 두 문제를 틀렸어요. 우리 반 최고 점수예요."

"와!"

아이들의 탄성 소리가 교실을 가득 채웠다. 난 얼굴이 화끈화끈 달아올랐다.

"유식이의 수학 실력이 이렇게 좋아졌는지 선생님은 몰랐어요."

선생님은 그렇게 말하면서도 얼굴이 부드러워지지 않았다. 뭔가 심각한 일이 벌어질 것처럼 조마조마했다. 혹시 내가 선생님의 마음을 들여다본 걸 선생님이 알아낸 것일까? 설마 나의 초능력을 선생님이 눈치챈 걸까?

선생님은 분필을 들더니 칠판에 문제를 쓰기 시작했다.

"이 문제는 어제 시험을 봤던 20번 문제예요. 나유식, 앞으로 나와서 이 문제를 풀어 보세요."

교실은 찬물을 끼얹은 듯 조용했다. 아이들은 나와 선생님을 번갈아 쳐다봤다. 나는 선생님이 왜 저러시는지 알 수 없었다. 겁이 덜컥 났다.

나는 마른 침을 삼키며 교탁 앞으로 나갔다. 그리고 떨리는 손으로 분필을 잡고 문제를 풀기 시작했다. 하지만 그 문제는 보통 어려운 문제가 아니었다. 내 실력으로는 도저히 풀 수 없었다.

"못 풀겠어요."

나는 고개를 떨어뜨리며 돌아섰다.

선생님이 "흠, 흠……." 하면서 턱을 매만졌다.

"이상한 일이네. 어제 시험 볼 때는 답을 적었는데 지금은 아예 풀지를 못하니. 20번 문제의 답은 무엇인지 아나요?"

선생님이 아이들을 둘러보며 말했다. 수학을 잘하는 희주가 손을 들었다.

"0.424입니다."

"맞았어요. 그런데 유식이는 답을 0.414라고 썼어요. 또 유식이는 15번 문제의 답을 5분의 2라고 썼어요. 정답은 5분의 3인데 말이에요."

"그게 왜 이상해요?"

앞에 앉은 연희가 물었다.

"선생님이 문제를 잘못 풀어서 20번 답을 0.414라고 잘못 알았거든. 15번 문제의 답도 선생님이 착각해서 5분의 2라고 생각했고."

"어? 그렇다면 선생님이 잘못 푼 답을 유식이가 알고 있었다는 거예요?"

선생님은 고개를 끄덕이며 나를 바라봤다. 나는 큰 잘못을 저지른 사람처럼 저절로 고개가 숙여졌다.

"나유식, 정말 이상하구나. 네가 90점을 맞은 게 이상한 게 아니야. 열심히 공부하면 얼마든지 90점을 맞을 수 있지. 그런데 어떻게 선생님이 잘못 푼 답을 알고 있었지? 어떻게 그럴 수가 있지? 그리고 또 왜 지금은 문제를 못 풀지?"

나는 대답을 할 수가 없었다. 나는 점점 작아지는 기분이 들었다.

"선생님은 믿을 수가 없구나. 이건 네가 내 마음을 읽는 초능력을 가졌다고 할 수밖에 없어."

나는 가슴이 철렁 내려앉았다. 내가 완전히 발가벗겨지는 기분이었다.

"유식이가 초능력자? 에이, 선생님!"

아이들이 말도 안 된다는 표정으로 소리쳤다.

"그래, 그건 아닐 테고…… 휴, 아무튼 세상에는 참 이상한 일이 많아요. 문제라는 건 풀리다가도 안 풀릴 수 있어요. 우리 모두 우리 반 최고 점수를 받은 유식이를 위해 손뼉을 쳐 줄까요?"

선생님과 아이들은 나를 향해 손뼉을 쳤다. 그러나 하나도 기쁘지 않았다.

집에 돌아올 때 혼자 신호등 앞에 섰는데 눈물이 났다. 다른 아이들이 쳐다보는데도 눈물을 참을 수가 없었다.

그때 누가 내 어깨에 손을 올렸다. 희주였다.

우리 반에서 가장 예쁘고 공부도 잘하고 친절한 송희주. 나의 여신 같은 희주가 나한테 어깨동무를 했다.

"괜찮아. 그럴 때도 있는 거야."

희주가 나를 위로했다.

"고마워. 흑흑, 정말 고마워."

나는 어깨를 들썩이며 울었다. 언제나 나한테 까칠하게 굴던 희주가 내 마음을 알아주다니! 너는 정말 내 마음을 들여다볼 수 있는 초능력자로구나! 앞으로 희주가 더 좋아질 것 같다.

"사람의 마음은 억지로 열려고 해서 열리는 게 아니래."

다음 날, 나는 희주에게 심각한 표정으로 말했다. 이 말을 하려고 몇 번이나 외워 뒀다. 내가 알고 있는 멋있는 말 중 하나다.

희주는 "으흠." 하면서 고개를 끄덕였다. 웃지도 않았고, 감탄을 터트리지도 않았다. 단지 그냥 "으흠." 하고는 다른 곳을 바라봤다.

이틀 전에 치른 수학 시험 이후로, 희주는 내게 관심을 보이기 시작했다. 희주 주변은 항상 아이들이 둘러싸고 있다. 희주와 친해지고 싶은 아이들이 많기 때문이다. 하지만 나는 안다. 희주가 수업 시간이나 쉬는 시간에 나를 힐끔거리며 쳐다본다는 것을.

그리고 희주의 마음을 읽은 적도 있다. 내가 공을 차고 나서 땀을 흘리며 교실로 들어왔을 때 희주가 마음속으로 '멋있다, 얘가 언제 이렇게 멋있어졌지?' 하고 생각했던 것이다. 나는 그런 희주를 향해 씩, 웃어 줬다. 그러자 희주의 얼굴이 빨개졌다.

"희주, 너 나 좋아하지?"

나는 참다 못해 오늘 물어보고야 말았다. 난 궁금한 걸 참는 것은 딱 질색이다. 그런데 희주는 눈을 크게 뜨면서 생사람 잡는다는 표정을 지었다.

"내가 언제? 착각은 자유지만 피해는 주지 말아 줘."

희주는 못 들을 말을 들었다는 듯이 고개를 흔들면서 자기 자리로 돌아갔다. 나 원 참. 난 다 안다니까.

그렇다. 사람의 마음은 억지로 열려고 해서 열리는 게 아닌 것이다.

내가 다른 사람의 마음속 소리를 들을 수 있다고 해서 그 사람의 마음을 열 수 있는 것은 아니다. 오히려 내 머리만 더 복잡해져서 지끈지끈 쑤신다.

다른 사람의 마음을 들을 수 있는 초능력은 손이 하나 더 달린 것 같다. 편하기보다는 거추장스럽다. 세상에는 모르는 것도 있어야 한다는 걸 깨닫게 됐다.

한 가지 확실하게 알게 된 사실은 사람들은 거짓말을 잘한다는 거였다. 희주처럼 말이다.

그나저나 눈 깜박임 초능력 때문에 며칠 동안 텔레비전을 못 봤다. 손해가 이만저만이 아니다. 다행히 오늘 낮에 나의 초능력들은 말끔하게 사라졌다. 감기가 떨어지듯 '똑' 하고 말이다. 다시 평범하지만 평화로운 나날이 시작됐다.

학교 수업 시간에 선생님이 준비물에 대해 알려 줬다.

"내일 과학 시간에는 바람 빠진 공을 가져오도록 해라."

그렇지만 다음 날 나는 과학 수업에 빈손으로 참여했다. 변명하려는 것은 아니지만 이 점에 대해 나는 억울한 점이 있다.

아침에 바람 빠진 공을 사기 위해서 문방구에 갔다. 그러나 바람이 빵빵한 공은 있어도 바람 빠진 쭈글쭈글한 공은 안 팔았다.

"멀쩡한 공에 구멍을 내서 팔 수는 없잖아. 그런 건 고물가게에나 가 봐라."

문방구 아저씨가 바람이 빠지는 것 같은 웃음소리를 냈다.

선생님은 나를 혼내지는 않았다. 대신에 날 더욱 난처한 상황에 빠뜨렸다.

"바람이 빠진 공을 다시 탄탄하게 하려면 어떻게 해야 할까요? 단, 공에 손을 대지 말고 해야 합니다. 그러면 준비물 안 가져온 걸 용서해 주겠어요."

선생님이 말했다.

난 아직 그런 초능력은 깨우치지 못했는데. 어떻게 할 바를 몰라 머리를 긁적거렸다. 문득 생각이 번개처럼 떠올랐다. 웃기자, 그러면 용서해 주겠지.

"공기를 사용하는 거예요!"

"맞아요! 유식이 대단한걸!"

선생님이 놀라는 표정으로 손뼉을 쳤다. 맞았다고? 나도 놀랐다. 아이들 역시 깜짝 놀라 일제히 나를 쳐다봤다.

"그렇다면 방법도 알고 있겠구나? 어디 반 친구들한테 방법을 설명해 보지 않겠어요?"

난 또 한 번 뒤통수를 긁적거렸다. 좋은 방법이 떠오르긴 했는데, 이걸 아이들 앞에서 해도 될지 걱정이 됐다.

"나유식, 어서 해 봐. 친구들이 기다리잖아."

나는 망설이다가 고무공을 깔고 앉았다.

"이렇게 고무공을 엉덩이에 대고 살짝 깔고 앉아요. 공기를 집어넣는 거지요. 뿌웅, 하고요. 손은 안 댔으니까 된 거죠?"

선생님이 입을 벌린 채 다물지 못했다. 웃지 않았다. 작전 실패다.

"너, 지금!"

선생님은 고개를 절레절레 흔들었다. 선생님 대신에 아이들은 책상을 두드리고 발을 구르며 교실이 터져라 웃어 댔다. 내 얼굴이 벌겋게 달아올랐다.

"조용, 조용! 우리 과학적으로 생각해 봅시다. 과학으로 풀면 못 풀 문제가 없어요. 선생님이 시범을 보일 테니 잘 보세요."

선생님은 물을 담은 그릇을 휴대용 가스레인지 위에 올려놓고 불을 켰다. 처음에는 선생님이 라면이라도 끓이려는 줄 알았다.

잠시 후 물에서 김이 오르기 시작하자 선생님이 말했다.

"물질은 열을 받으면 부피가 늘어납니다. 그 원리를 이용하는 거예요. 여기 뜨거운 물그릇이 있어요. 이 물그릇에 바람 빠진 고무공을 집어넣는 거죠."

고무공을 넣고 시간이 조금 흘렀다. 놀랍게도 바람 빠진 공이 저절로 부풀어 오르기 시작했다. 얼마 지나지 않아 고무공은 탄탄해졌다. 선생님이 고무공을 집어 바닥에 튕기며 말을 이었다.

"누가 이렇게 만든 걸까?"

아이들은 잠자코 있을 뿐 대답하지 않았다. 희주가 손을 들고 조심스럽게 대답했다.

"공기요."

"맞았어요. 역시 희주야! 유식이랑은 차원이 다르네. 공기가 그런 거예요. 고무공 속의 공기는 열을 받으면 공기를 구성하는 분자들이 빠르게 움직이게 돼요. 그러면 공기 분자들 사이의 거리가 멀어져서 부피가 늘어나고, 고무공은 다시 빵빵해지는 거예요. 물도 그래요. 물도 온도가 올라가면 부피가 커지는데 공기와 달리 그 커지는 정도가 아주 작아서 우리가 느끼지 못할 뿐이에요."

아이들이 알아들었다는 듯이 고개를 끄덕였다.

선생님은 텔레비전을 켰다. 화면에는 기찻길 철로 두 가닥이 평행을 이루며 끝없이 이어진 모습이 보였다.

"철로를 자세히 보세요. 길 중간중간 철길을 약간씩 떨어뜨려 놓았죠? 왜 이렇게 떨어뜨려 놓았을까요?"

"철을 아끼기 위해서요."

누군가 대답했다.

선생님은 웃으며 말을 이었다.

"철로를 떨어뜨려 놓은 이유는 기차가 탈선하지 않도록 하기 위해서예요. 여름에 철로가 열을 받으면 철로의 부피가 늘어나요. 그런데 철로를 바짝 붙여 놓는다면 늘어난 철로의 길이만큼 철로가 휘어질 테죠. 열을 받아 부피가 늘어날 걸 대비해서 철로를 조금씩 떨어뜨려 놓는 거예요. 또 전봇대의 전깃

줄을 보면 겨울에는 팽팽하게 당겨져 있는데 여름에는 축 늘어나죠. 그것도 전깃줄이 열을 받아서 늘어났기 때문이에요. 자동차 타이어도 마찬가지지요. 그래서 여름에는 타이어에 공기를 약간 덜 집어 넣어요. 열을 받으면 타이어 속 공기의 부피가 늘어나거든요."

마지막으로 텔레비전에 철탑의 모습이 나타났다. 까마득하게 높은 철탑이었다.

"프랑스에 있는 에펠 탑이에요. 강철로 만든 탑이지요. 여러분은 이 탑의 높이가 저절로 늘어났다 줄

어들었다 한다면 믿어지겠어요? 못 믿겠지만 사실이에요. 여름에 열을 받으면 18cm나 늘어났다가 겨울엔 줄어들어요."

선생님이 아이들을 한 바퀴 둘러보았다.

내 얼굴은 바람 빠진 공의 충격으로 아직도 빨갛게 달아올라 있었다. 그런 나를 보며 회장인 태열이가 말했다.

"선생님, 유식이가 열 받았어요. 그래서인지 유식이 얼굴이 커졌어요. 열을 받으면 부피가 커진다는 게 정말인가 봐요."

아이들이 또 한 번 폭소를 터트렸다.

내 나이 열한 살, 사나이는 참을 줄 알아야 한다. 그러나 열은 계속 나를 괴롭혔다.

"열은 에너지의 한 종류로 물체의 온도를 높이거나 상태를 변화시키지. 그렇다면 열의 크기를 재는 기구는 뭘까?"

선생님이 물었다. 그쯤은 누구나 안다.

"온도계요."

아이들이 너도 나도 아는 척했다.

"그러면 온도계는 누가 만들었는지 아니?"

역시 아무도 대답하지 못했다.

"지구가 태양 주위를 돈다고 주장한 이탈리아 과학자!"

선생님이 힌트를 줬지만 누구도 대답하지 못했다.

나는 정답을 알지만 대답하지 않았다. 별로 주목받고 싶지 않아서다. 천재는 이런 사소한 문제로 정체를 드러내지 않는다.

"갈릴레오 갈릴레이! 태양이 지구 주위를 도는 게 아니라, 지구가 태양 주위를 돈다고 주장해 종교 재판을 받고 죽을 때까지 갇혀 살았던 불쌍한 천재."

선생님의 말에 아이들은 아하, 하고 고개를 끄덕였다.

그러고 보니 나는 갈릴레이와 닮은 점이 있는 것 같다. 남들이 하라는 대로 하지 않는다는 점이 그렇다. 학교 교과서에도, 시험 문제에도 나오지 않는 걸 나는 더 잘 안다.

"갈릴레이는 1603년에 눈금이 없는 온도계를 처음 만들었어요. 유리관 안에 물을 넣어서 거꾸로 세워 둔 모양이었지요."

선생님은 칠판에 그림을 그렸다.

"더워지면 유리관 안에 있는 공기의 부피가 커져 물이 내려가고, 추워지면 공기의 부피가 줄어들어서 물이 올라오는 원리를 이용한 거예요. 아주 단순한 방식이었지만 그 당시에는 아주 놀라운 발명이었지요."

"오늘은 열에 의한 부피의 변화에 대해 배웠어요. 그렇다면 다음 시간에는 무엇을 배울까요? 오늘의 숙제예요. 다들 집에 냉장고가 있을 거예요. 냉장고가 어떻게 음식을 차갑게 하는지, 그 원리를 알아 오도록 하세요."

수업을 마치며 선생님은 잊지 않고 숙제를 냈고 아이들은 한숨을 쉬었다. 그렇지만 난 즐거워져 '바로 저것이야!'라고 생각했다. 열에 대한 원리를 깨달으면 또 다른 초능력이 생길 것 같아서였다.

과학은 양파 같다는 생각이 든다. 과학의 원리를 깨닫는 건 양파 껍질을 벗기듯 세상의 비밀을 하나씩 벗겨 내는 것만 같다.

열에 대한 과학 원리를 알면 어떤 초능력이 생길지 궁금해서 견딜 수가 없다.

이번에는 입에서 얼음이 뿜어질까?

마음먹은 건 모조리 얼려 버리는 냉동 인간이 될까?

혹시…… 내가 커다란 냉장고로 변하는 건 아니겠지? 얼음으로 가득 찬 냉장고로 변하는 것은 상상만 해도 끔찍하다.

오늘은 새로운 과학 원리를 깨달은 날이다. 며칠 전에 선생님이 낸 냉장고 숙제로 열의 원리를 알게 됐기 때문이다.

엄마가 퇴근하고 집에 들어왔다. 나는 엄마에게 달려가 숨차게 물었다.

"엄마, 냉장고는 어떻게 안에 있는 음식을 차갑게 만드는 거예요?"

"울음으로."

엄마는 식탁 위에 장바구니를 내려놓으면서 대답했다.

"냉장고가 운다고요?"

나는 얼떨떨한 표정으로 다시 물었다. 엄마가 장난치는 줄 알았다. 하지만 엄마는 다시 진지한 얼굴로 설명했다.

"냉장고에서 웅, 하고 나는 소리를 들어 본 적 있지?"

"네, 하루 종일 그러잖아요. 조용할 만하면 소리가 나고, 또 조용할 만하면 소리가 나요."

엄마는 냉장고를 가리켰다.

"그 소리는 압축기에서 나는 소리지. 압축기가 돌아가면서 증발이 일어나는 거야."

증발? 처음 들어보는 단어였다. 족발, 오리발, 닭발 같은 발은 들어 봤는데, 증발은 어떤 동물의 발이지?

엄마는 내가 증발을 모른다는 것을 눈치채셨는지 무를 씻으면서 말을 이었다.

"증발은 액체의 표면에서 액체가 기체로 변하는 현상을 말하는 거야. 목욕을 하고 나오면 몸이 시원하지? 그것은 몸에 묻은 물기가 증발하면서 몸의 열을 빼앗아 가니까 그런 거야. 아주 더운 여름날, 마당에 물을 뿌리면 시원해지지? 이것도 물이 증발하면서 주변의 열을 빼앗아 가니까 그런 거지. 냉장고는 바로 그런 원리를 이용한 거야. 액체가 증발하면 주변에 있는 열을 빼앗거든."

아하, 하고 나는 고개를 끄덕였다. 저 냉장고 안에 증발시키는 장치가 들어 있다는 생각을 하니 새삼 냉장고가 듬직해 보였다.

나는 엄마의 말을 공책에 받아 적었다. 그런데 또 다른 호기심이 불쑥 고개를 내밀었다.

"액체가 기체가 되면 열을 빼앗는다고요? 왜 열을 빼앗아요?"

"맙소사! 그건 원래 다 그런 거야!"

방에서 나와 냉장고 안에서 주스를 꺼내던 누나가 말했다. 눈썹 없는 누나는 마치 내가 하지 말아야 할 질문이라도 했다는 듯이 어이가 없다는 표정으로 두 손을 쳐들었다. 나는 누나의 사라진 눈썹이 더 어이가 없었다.

"세상에 원래 그런 건 없는 거야! 왜? 왜냐고? 왜 그런 거냐고?"

참을 수 없는 호기심이 발동해 나는 누나의 귀에 대고 소리쳤다. 누나는 귀를 틀어막으며 괴로워했다.

"나유식, 그만해. 엄마, 유식이 좀 말려 줘요."

누나는 엄마 옆에 숨으며 말했다. 탁탁탁, 무를 썰던 엄마가 말했다.

"유식아, 누나를 이제 그만 놓아 주어도 될 것 같은데. 그렇지만 유나야, 유식이 말이 맞아. 세상에 원래 그런 건 없어. 과학은 원인을 파악하는 학문이야. 옛날 사람들은 사과가 땅에 떨어지는 것이 원래 다 그런 거라고 생각하고 의심하지 않았지. 하지만 뉴턴은 안 그랬잖아. 그래서 뉴턴이 중력을 발견한 거고."

엄마의 칭찬에 나는 어깨가 으쓱해졌다. 역시 엄마는 공정한 판사다.

"액체가 기체로 변하는 현상을 과학적으로 설명하면 액체에서 분자가 튀어나가 기체가 되는 거거든. 액체가 기체가 되려면 분자는 에너지가 필요해. 그래서 분자들이 주변의 에너지를 빼앗아 가는 거야. 그러니까 주변의 온도가 낮아지는 거지."

"거봐. 과학은 누나처럼 암기만 한다고 되는 게 아니야. 그래서 어떻게 과학 고등학교를 간다는 거지?"

누나는 입을 꾹 다물고 아무 말도 못했다. 엄마는 웃으면서 냉장고를 가리켰다. 그리고 냉장고가 어떤 원리로 차갑게 만드는지 알려 줬다.

냉장고는 어떻게 차갑게 하는 걸까?

냉장고는 한 마디로 열을 이동시키는 기계다. 냉장고 안에 있는 열을 밖으로 내보내는 거다. 그러니까 냉장고와 에어컨은 원리가 똑같다.

냉장고에는 긴 관이 구불구불 연결돼 있다. 이 관 안에 냉매가 들어 있다. 냉매는 열을 빼앗는 역할을 한다고 한다. 액체인 냉매가 냉장고 안의 관을 통과할 때는 관이 갑자기 좁아져 냉매의 속도가 빨라지면서 압력이 낮아지게 된다. 이 과정에서 냉매는 액체에서 기체로 증발하면서 냉장고의 열을 빼앗아 차갑게 하는 거다.

냉매는 냉장고 안에 있는 긴 관을 계속 빙글빙글 돌면서 열을 빼앗는다. 열을 빼앗은 냉매는 압축기와 응축기를 거치면서 열을 밖으로 버리고 다시 액체 상태로 변했다가 또다시 냉장고 안의 관을 통해 돌면서 기체로 변하는 과정을 반복해서 냉장고 안을 차갑게 유지시키는 것이다.

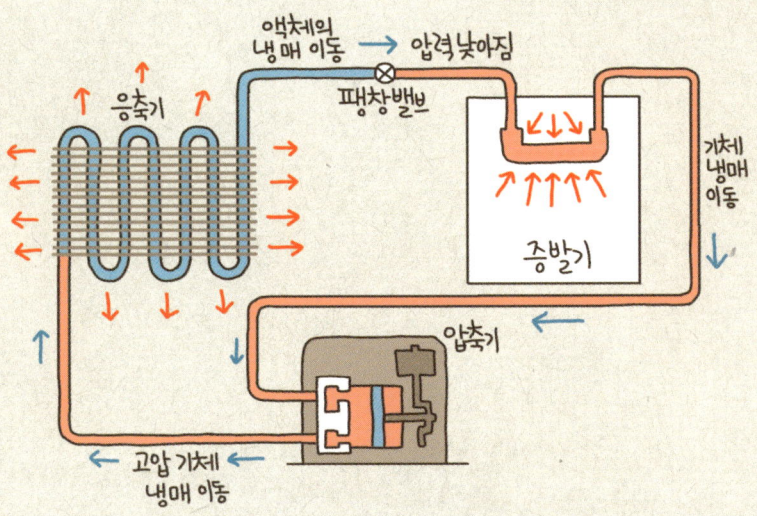

냉장고가 저절로 웅, 소리를 내며 우는 것은 냉장고 내부 온도가 높아지면 압축기가 자동으로 돌아가기 때문이다. 압축기는 냉장고의 심장 같은 곳인데, 기체 상태의 냉매를 높은 압력으로 밀어내 응축기에서 액체로 바꿀 수 있도록 하는 장치다.

에어컨의 원리도 냉장고와 같다. 에어컨도 냉장고처럼 냉매를 이용해 주변의 열을 빼앗는 거다.

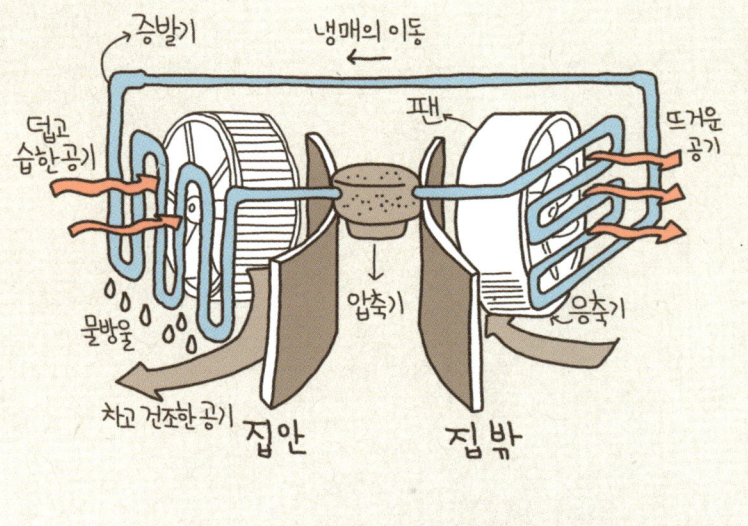

나는 엄마의 설명을 그림과 함께 수첩에 적어 놓았다.

'오호라, 열에는 그런 원리가 있었군!'

드디어 열에 대한 원리를 깨달았다. 학교 숙제도 하고 초능력을 만들 과학 원리도 단번에 끝낸 것이다.

나는 내 방으로 돌아와 오늘 배운 과학 원리를 공책에 자세히 썼다. 그리고 과학일기에도 적었다.

앞으로 과학 원리를 깨달으면 과학일기에 빠짐없이 기록해 둬야겠다고 마음먹었다. 나는 궁금증이 불쑥불쑥 일어났다. 열을 받으면 왜 뜨거워지는 걸까? 당연한 걸 왜 궁금해 하는 거냐고? 세상에 당연한 건 없다!

나는 열에 대한 과학 원리를 몇 번 소리 나게 읽었다. 그런 뒤 침대에 누워 얌전히 초능력을 기다렸다. 이번에는 어떤 초능력자로 변신할까?

나는 콧구멍에 넣은 별똥별을 만지작거리며 잔뜩 기대에 부풀었다. 창밖으로 밤하늘이 보인다. 오늘은 별들이 유난히 반짝인다.

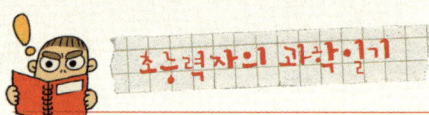

열을 받으면 왜 뜨거워지는 걸까?

국그릇에 수저를 넣으면 차가운 수저가 뜨뜻해진다. 따뜻한 우유 컵을 만지면 손도 덩달아 따뜻해지고, 아이스크림을 먹으면 입안이 얼얼해지면서 차가워진다. 이것을 알아내려고 인터넷을 뒤지고 백과사전을 찾았다.

비밀은 이것이다. 열이 옮겨 다니기 때문이다!

열은 뜨거운 곳에서 차가운 곳으로 옮겨 다닌다. 뜨거운 물과 차가운 물을 섞으면 뜨거운 물의 열이 차가운 물로 이동하면서 물 전체가 미지근해진다. 그러다가 나중에 더는 열이 이동하지 않는 상태가 된다. 이걸 '열평형 상태'라고 부른다고 한다.

그런데 열이 나면 왜 뜨거워지는 걸까? 열이 나면 뜨거워지는 건 당연하다고 나는 생각해 왔다. 하지만 세상에 당연한 것은 없다는 걸 알게 됐다. 모든 일은 다 이유가 있어서 발생하는 것이다.

열은 에너지다. 정확하게 말하면, 물체 속에 있는 분자가 진동하면서 나오는 에너지다. 오호, 놀랍다! 내가 이런 것까지 알아내다니!

열을 받으면 물체 속의 분자가 빠르게 진동한다. 진동이란 떠는 것이다. 열을 받으면 분자들이 화를 내듯 방방 뜬다. 그래서 분자가 서로 부딪치며 마찰을 일으키면서 뜨거워지는 거다.

살아 있는 생물은 모두 열을 가지고 있다. 물고기나 개구리처럼 차가운 생물이라고 해도 조금씩은 열을 갖고 있다. 열이 없으면 에너지가 없는 것이니까 움직일 수가 없다.

신기하고, 놀라워라! 열에 숨은 과학의 원리! 내일은 또 어떤 초능력이 생길까? 아침에 일어나 보니 혹시 냉장고로 변해 있는 것은 아니겠지?

일곱 번째 사건

'에너지'의 초능력을 깨닫다!

며칠이 지났지만, 내게 아무런 변화도 일어나지 않았다. 아무래도 이번에는 초능력이 생기지 않는 것 같다.

이유가 뭘까? 초능력을 만드는 과학 지식이 잘못되었나? 아니면 지식이 부족했을까? 이를테면 연결 고리가 빠져 망가진 쇠사슬처럼 지식의 고리가 하나 빠져서 초능력이 완성되지 못한 것일까?

충분히 가능성 있는 추리다. 어떤 지식이 빠진 것인지 과학 일기를 다시 살펴봤다. 그렇지만 무엇이 빠졌는지 알 수 없었다. 그렇다고 엄마 아빠에게 물어볼 수도 없었다. 내가 뭘 모르는지도 모르는데 어떻게 물어볼 수 있단 말인가?

"이것 봐. 이것 봐. 오늘 밤에 우주 쇼가 펼쳐진대!"

누나가 소란을 떨면서 집에 들어왔다.

"우주 쇼라니? 우주에서 가수들이 춤을 춰?"

내가 물었더니 "너, 정말 무식하구나. 너무식!" 하면서 얼굴을 찡그렸다.

"오늘 밤에 유성우가 떨어지는 걸 말하는 거구나."

엄마가 말했다.

"유성우?"

"별똥별이라고도 하지. 우주 공간에 떠 있는 혜성이나 소행성 부스러기가 지구 대기권에서 불타며 비처럼 쏟아진다고 비 우(雨)를 써서 유성우라고 해. 오늘 밤에 유성우가 지구에 시간당 천 개쯤 떨어진다고 해."

"특히 오늘 밤은 달빛이 매우 어두운 날이라서 우주 쇼를 잘 볼 수 있다는 말씀!"

누나가 덧붙였다. 별똥별이라는 말에 나는 귀가 번쩍 뜨였다.

혹시 그 별똥별 중에 대기권에서 다 타지 않고 지구에 떨어지는 별똥별이 있을까? 지난번 우리 집 앞마당에 떨어진 별똥별처럼.

나는 깊은 밤이 되기를 기다렸다가 엄마, 누나와 함께 뒷산에 올랐다. 우리 동네가 한눈에 내려다보였다. 소식을 듣고 우리처럼 나온 동네 사람들이 많았다. 천체 망원경과 쌍안경을 들고 나온 사람도 있었고, 사진기를 들고 기다리는 사람도 있었다.

"저길 봐!"

밤하늘 저 너머로 별똥별이 휙 떨어졌다. 그것은 마치 지구를 찾아오는 외계인의 신비한 우주선 같았다.

"와! 어서 소원 빌어. 별똥별을 보고 소원을 빌면 이루어진대!"

사람들은 두 손을 모아 소원을 빌었다.

"또 떨어진다! 이번에는 두 개야!"

별똥별이 쌍둥이처럼 함께 떨어졌다. 이럴 때 소원을 빌면 곱빼기로 이루어질 것 같아 나는 얼른 소원을 빌었다.

"날 너무식이라고 부르는 자들을 벌하여 주시옵소서."

그런데 그때 놀라운 일이 벌어졌다. 별똥별 하나가 우리와 가까운 쪽으로 떨어졌다.

"오! 이럴 수가!"

별똥별은 붉은빛, 푸른빛, 무지갯빛 불꽃을 마구 내뿜으며 엄청나게 빠른 속도로 아주 가까이까지 날아왔다. 그러더니 우리 동네에서 멀리 떨어진 산 너머로 사라졌다.

아이들이 엄마 아빠를 졸랐다.

"저 산에 떨어졌어. 우리 주우러 가자."

"아빠, 우리 빨리 차 타고 가요!"

하지만 어른들은 꼼짝하지 않았다. 허허허, 하고 웃을 뿐이었다.

"별똥별은 대부분 대기권에서 모두 타 버려. 산 너머로 떨어진 것처럼 보이지만, 그건 그냥 착시일 뿐이야. 다 타고 사라진 거야."

누나가 아는 척을 했다.

'우리 집 마당에 떨어진 것도 모르면서 아는 척하긴!'

나는 내 콧구멍 속을 만지작거렸다. 그러면서 속으로 중얼거렸다.
'별똥별, 여기 있지!'

저녁 메뉴는 닭 간장 조림이었다. 엄마가 두 시간 동안 간장에 조린 닭고기는 입에 넣으면 저절로 녹았다. 우리 가족은 식탁에 모여 앉아 폭풍 흡입을 했다. 닭이 코로 들어가는지 입으로 들어가는지 몰랐다. 닭조림은 분명히 고체인데, 우리는 거의 마시다시피 했다.

엄마는 닭이 세 마리라고 했는데 이상하게 닭다리가 다섯

개밖에 없었다. 닭조림을 하면 이상하게 닭다리가 하나씩 사라진다. 엄마가 외다리 닭을 사오는 모양이다.

마침 텔레비전에서는 뉴스가 나왔다. 나는 만화 영화를 보고 싶은데 엄마와 아빠는 뉴스를 반드시 보려고 한다. 뉴스는 새로운 소식이라지만, 내게는 언제나 비슷해 보인다. 날마다 비슷한 뉴스가 나오는데 왜 어른들은 그렇게 열심히 보는 것일까?

"오늘 낮 경기도 일산의 한 은행에서 이상한 사건이 일어났습니다. 은행 금고에 있는 현금 5억 원이 사라진 것입니다. 취재 기자 연결하겠습니다. 오주만 기자."

아나운서의 말이 끝나자 텔레비전에 은행의 모습이 나왔다. 경찰들이 은행을 둘러싸고 있고, 과학 수사라고 쓰인 옷을 입은 사람들이 뭔가를 찾고 있었다.

"참으로 놀라운 사건이 벌어졌습니다. 오늘은 토요일이라 은행이 문을 닫고 영업을 하지 않았습니다."

"어! 저기는 우리 동네잖아! 아빠, 저기는 큰 길 건너 은행이야!"

"정말이네. 우리 동네 은행이 털렸나 봐."

우리 가족은 잠시 닭조림 흡입을 멈춘 채 멍하니 텔레비전을 바라봤다. 아나운서가 말을 계속 이어 갔다.

"은행에서 외부의 침입 흔적이 전혀 없는데 현금 5억 원이 사라졌습니다. 그런데 더욱 놀라운 것은 CCTV에 잡힌 범인의 모습입니다."

화면에 CCTV 화면이 나타났다. 흐릿한 화면 속에 범인으로 보이는 사람이 나왔다. 머리부터 발끝까지 검은 옷으로 감싸서 누구인지 알아볼 수 없었다. 검은 옷을 입은 사람은 벽을 향해 걸어갔다. 그런데……!

우리 가족은 잠시 말문을 잃었다. 닭조림을 씹던 소리가 순

간 멈췄다. 아주 잠깐 동안이지만, 시간이 멈춘 것 같았다.

"내가 제대로 본 게 맞아?"

나는 내 눈을 의심했다. 엄마와 아빠, 누나는 말이 없었다. 모두 텔레비전만 뚫어지게 바라봤다.

"저 사람! 벽을 통과했어! 저 사람이 분명히 벽을 통과해서 사라졌어!"

내가 텔레비전 앞으로 다가가 화면을 두드리며 소리쳤다. 정말 영화 같은 장면이었다. 그런데 잠시 후 더 놀라운 장면이 나타났다. 범인으로 보이는 그 사람이 돈 가방을 들고 벽을 뚫고 나왔다.

"구멍이 난 거 아니지? 벽에 구멍이 없는 거 맞지?"

"으……."

"어……."

닭고기를 가득 입에 문 가족들이 웅얼거리며 대답했다. 범인은 마치 물 밖을 걸어 나오듯 스르륵 아무 힘을 들이지 않고 걸어 나왔다. 화면이 바뀌어 아나운서가 다시 등장했다.

"경찰은 지금 범인이 어떻게 벽을 통과했는지 조사하고 있지만, 전혀 흔적을 찾지 못하고 있습니다. 경찰은 범인이 수사에 혼란을 주려고 CCTV를 조작해서 착시 현상을 일으킨 것으로 추측하고 있습니다."

"우리 동네에 저런 일이 다 있다니! 우리 동네 유명해졌네!"

누나는 마치 아이돌 스타를 본 것 같은 목소리로 소리쳤다.

"착시 현상이라니? 어떻게 그럴 수가 있지? 과학적으로 이해가 안 되는걸!"

엄마는 고개를 갸웃거렸다.

"마술사 아니에요? 마술사들은 벽을 통과하기도 하잖아요."

"마술사는 미리 짜 놓고 하는 거고!"

누나가 핀잔을 줬다.

"우리 돈도 저기 넣어 놨는데 털린 거 아니야?"

아빠가 중얼거리자 엄마가 고개를 흔들었다.

"당신이 다 꺼내 쓴 지가 언젠데요?"

"아빠, 우리 밥 먹고 은행 구경 가요."

나는 그렇게 말하며 젓가락을 집었다. 그런데 내 접시에 있던 닭다리가 사라졌다. 마치 은행털이범처럼 내 눈 앞에서 감쪽같이 없어진 것이다.

"내 다리! 내 다리 내놔!"

누나의 입이 우물거리고 있었다.

"나…… 앙…… 뭉엉어…….''

누나가 말했다. 나는 조금 자란 누나의 눈썹을 마저 다 태워 버리고 싶었다.

잔뜩 부른 배를 문지르며 내 방으로 돌아왔다. 아빠와 나는 저녁밥을 먹고 은행 구경을 가자고 했던 약속도 까맣게 잊고 각자 자신의 방으로 들어가 버렸다.

나는 다시 과학일기를 펼쳐 놓고 초능력을 떠올렸다. 내 깊은 곳에 숨어 있을 그 강력한 에너지가 어서 떠오르기를 바라면서 나는 이렇게 썼다.

'천재가 되려면 불독이 되어야 한다!'

내가 유명해지면 이 말도 유명해지리라. 세상 모든 사람들이 내가 남긴 말을 외우면서 칭송하리라.

불독은 한 번 물면 놓지 않는다. 나도 한 번 궁금한 것은 끝까지 놓지 않고 해결하겠다.

열에 대한 과학 원리를 공부한 지 일주일이 지났지만 초능력에는 아무런 변화가 없었다. 그래서 나는 연결 고리가 빠진 쇠사슬처럼 지식의 고리가 하나 빠졌다는 생각이 들었다. 그래서 초능력이 완성되지 못하는 것 같았다.

그런데 그렇게 찾지 못한 연결 고리를 예상하지도 못했던 곳에서 찾게 되었다. 바로 전기밥솥과 전자레인지에서다. 특히 전자레인지 안에는 놀라운 열의 비밀이 숨어 있었다.

"찬밥이잖아!"

학원에서 돌아온 누나가 전기밥솥을 열어 보며 짜증난 목소리로 말했다.

"이걸 어떻게 먹어?"

"이런……. 누가 전기 코드를 뽑아 놓았네."

엄마가 말했다.

"제가 그랬어요. 전기를 아끼려고요."

나는 우물쭈물 대답했다.

사실은 거짓말이었다. 전기밥솥 코드를 잡고 초능력 실험을 하다가 다시 꽂아 놓는 걸 그만 깜빡한 것이다.

"수상해. 이상해. 평소에 하지 않던 행동을 자꾸 한단 말이야."

누나가 날 노려봤다. 난 얼른 말을 돌렸다.

"찬밥을 왜 못 먹어?"

"찬밥은 맛이 없으니까!"

"찬밥이 왜 맛이 없는데?"

나는 누나를 살살 약 올렸다. 그러면 누나는 폭발할 테고, 내가 아니라 누나가 엄마한테 혼이 날 테니까.

"밥에는 녹말이 많단 말이야. 그래서 밥이 차가워지면 녹말이 딱딱하게 굳어지고 맛이 없어지는 거야. 넌 그것도 모르지?"

앗! 누나가 저런 대답을 하다니! 시험에 잘 나오는 내용만 아는 줄 알았는데, 숨은 과학 이야기까지 알고 있었다니! 나는 잠시 누나를 존경스러운 눈빛으로 바라보았다.

"전기밥솥에 밥이 있을 때에는 코드를 뽑으면 안 되는 거야. 보온이 안 돼."

엄마가 찬밥을 퍼서 다른 그릇에 담으면서 말했다.

"전기밥솥에는 두 가지 기능이 있어. 첫째는 밥을 하고, 둘째는 밥이 식지 않도록 따뜻하게 보온을 해 줘. 전기밥솥이 이런 일을 할 수 있는 것은 전기밥솥 안에 있는 열선과 자동 온도 조절기 덕분이야. 열선은 전기가 흐르면 뜨겁게 달아올라 열

을 내는 금속선이야. 전기를 꽂으면 열선에 전기가 흘러 뜨거워지면서 밥이 되기 시작해."

"그런데요, 전기가 계속 꽂혀 있으면 열도 계속 나고 밥이 타지 않을까요?"

"밥이 다 됐는데도 열선에 전기가 계속 흐르면 밥이 다 타 버리겠지. 그래서 전기밥솥에는 자동 온도 조절기가 있어. 이 자동 온도 조절기가 밥이 타지 않고 따뜻한 상태로 유지할 수 있도록 열선을 적당히 따뜻하게 해 주는 거야."

'그렇구나.'

난 이마를 쳤다. 전기밥솥이 자기 스스로 온도를 조절하는 똑똑한 기계였다는 걸 그제야 깨달은 것이다.

"전기밥솥의 자동 온도 조절기는 온도가 많이 올라가면 자동으로 전기를 끊고, 온도가 내려가면 자동으로 전기가 통하게 한단다. 냉장고에도 자동 온도 조절기가 있어. 전기밥솥과 반대로, 온도가 너무 내려가면 자동으로 전기를 끊고, 온도가 많이 올라가면 자동으로 전기가 통하게 해."

누나가 찬밥을 건네주면서 나더러 전자레인지에 데워 오라고 시켰다. 난 군소리 없이 찬밥을 전자레인지 안에 집어넣었다. 버튼을 누르자 전자레인지는 말을 잘 듣는 로봇처럼 밝은

빛을 내며 빙글빙글 돌아갔다.

"우리 집에서 제일 놀라운 기계는 전자레인지예요."

식탁에 앉으며 내가 말했다.

"왜?"

엄마가 물었다.

"가스레인지처럼 불꽃이 올라오는 것도 아니고, 전기오븐처럼 뜨거운 열기가 뿜어지는 것도 아니잖아요. 그런데 어떻게 음식을 익힐까요?"

"그 비밀을 알면 넌 아주 놀랄걸!"

난 콧구멍을 파려고 손가락을 집어넣다가 그대로 멈췄다. 엄마 입에서 무슨 말이 나올지 정말 궁금했다.

"무선기로 통신할 때 쓰는 마이크로파라는 전자파가 있어. 전자레인지는 그 전자파를 이용해 음식을 익혀."

"전자파? 레이저 광선 같은 거요?"

깜짝 놀라 목을 길게 빼는데 누나가 아는 척을 했다.

"그래서 전자레인지를 영어로 마이크로웨이브 오븐이라고 부르는구나."

"맞아. 마이크로파를 이용한 오븐이라는 뜻이지. 마이크로파는 빛처럼 공기나 유리 같은 투명한 물질은 잘 통과해. 그런데 거울이나 금속 같은 물질에 부딪히면 반사되지. 그래서 전자레인지 안에 금속 그릇이나 알루미늄 포일을 넣으면 안 되는 거야. 잘못하면 마이크로파에 맞아 전자레인지가 폭발할 수도 있어."

"폭발이요? 와우! 단순한 기계인 줄 알았더니 상당히 위험한 거였군요!"

전자레인지는 어떻게 열을 발생시키는 걸까?

전자레인지 안에 마그네트론이라는 장치가 있다. 여기서 마이크로파가 나온다. 마이크로파는 우리 눈에는 안 보이지만 수분에는 강한 충격을 준다.

수분이 없는 물질에는 충격을 주지 않는다. 수분이 전혀 없는 유리그릇이나 플라스틱 그릇 같은 것을 넣어 보면 안다. 이런 그릇들은 아무리 돌려도 뜨거워지지 않는다.

우유를 데울 때 컵도 따뜻해진다고? 그건 우유가 데워지면서 컵으로 열이 옮겨 갔기 때문이다.

음식이 마이크로파에 쪼이면 음식 속에 있는 수분(물)의 물 분자가 떨기 시작하고 이 물 분자는 빙글빙글 돌면서 회전하기도 하고, 다른 물 분자들과 충돌하기도 한다. 그런데 그 속도가 몹시 빨라 열이 나고 음식이 뜨거워지는 거다. 말하자면, 물 분자들끼리 박치기를 해서 열이 나게 하는 것이다.

전기 에너지가 마이크로파라는 빛 에너지로 바뀌고, 빛 에너지가 물 분자들을 움직여 운동 에너지로 바뀌었다가 마지막에 열에너지로 바뀌는 거다. 전자레인지 안에서 에너지는 계속 형태를 바꾸면서 음식을 익히는 것이다.

사람 몸에도 물이 많다고 한다. 그래서 마이크로파를 쏘이면 위험하다. 전자레인지가 돌아갈 때 손을 넣으면 위험하기 때문에 전자레인지에는 안전장치가 돼 있다. 문이 닫히지 않으면 전자레인지가 작동하지 않도록 말이다.

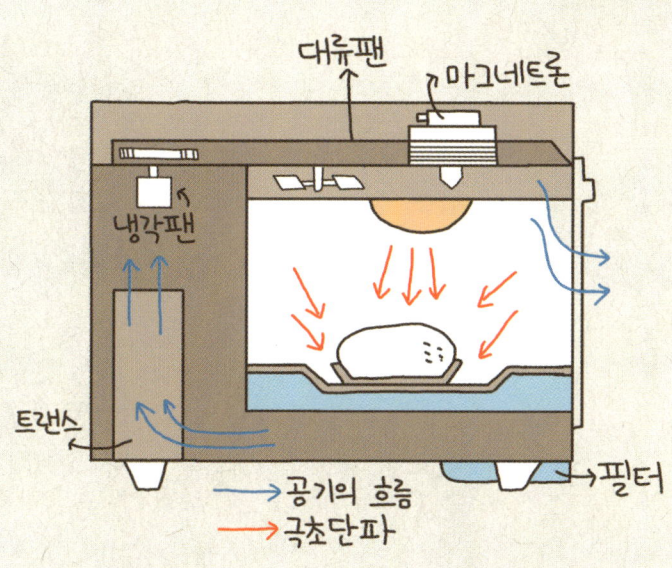

"아무래도 마이크로파로 실험을 해 봐야겠어요."

내가 팔짱을 끼면서 의미심장한 목소리로 말했다.

"무슨 실험?"

"팝콘을 만들어 보는 실험!"

엄마가 빙그레 웃었다.

"팝콘이 먹고 싶은 게 아니고?"

"그럼요. 난 실험을 하기 위한 것뿐이라고요. 옥수수 안에 있는 수분의 물 분자에 충격을 줘서 터트리고 싶을 뿐이에요."

누나가 옆에서 눈을 가늘게 뜨며 말했다.

"그러면 난 먹어 주는 실험을 해야겠군."

팝콘을 먹고 나는 오늘 배운 것을 과학일기에 남겼다. 언제쯤 연결 고리가 모두 완성될까?

즐거운 토요일이다. 아빠는 토요일인데 일을 하러 회사에 나가셨다. 아빠가 없는 토요일 오후는 절인 무 없이 치킨을 먹는 맛이다. 아무리 맛있는 치킨이라도 절인 무가 없다면 목이 멘다.

엄마는 오랜만에 선반에 있던 큰 튀김 솥을 꺼냈다.

"아빠가 좋아하는 특별식을 만들어 보자. 요즘 아빠가 에너지가 없어 보여서 말이야."

새우튀김, 오징어튀김, 고구마튀김……. 아빠는 튀김이라면 다 좋아한다. 물론 나도 튀김을 좋아한다. 나는 신이 나서 누나와 함께 엄마를 도와 튀김옷을 입혔다.

기름이 튀김 솥 안에서 펄펄 끓고 치익, 소리를 내며 새우가 맛있게 튀겨졌다. 고소한 튀김 냄새가 집 안을 가득 채웠다.

"아빠가 이걸 드시면 충전된 배터리처럼 에너지가 가득 찰 거예요."

누나가 애교 섞인 콧소리로 말했다. 나의 호기심 병이 또 도졌다.

"에너지는 석유 같은 건 줄 알았는데 튀김을 먹어도 생겨요?"

"질문 좀 그만해. 지금은 요리 시간이거든."

누나가 핀잔을 줬지만 엄마는 그렇지 않았다.

"엄마는 유식이가 질문하는 게 즐겁단다. 때와 장소를 가리지 않고 호기심이 있다는 건 좋은 거야. 에너지란 일을 할 수 있는 능력이야. 에너지가 금고에 있는 돈이라면, 돈을 꺼내 물건을 사는 건 일이지. 돈이 있어야만 물건을 살 수 있듯이 에너지가 있어야만 일을 할 수 있는 거야."

"그래서 아빠한테 에너지가 필요한 거구나. 사람은 음식을 먹으면

에너지가 생기는 거예요?"

"응." 하고 엄마는 고개를 끄덕였다.

"자동차의 에너지는 휘발유잖아. 사람의 에너지는 밥이야. 그러면 질문 하나 해 볼게. 유나도 맞혀 봐. 에너지는 기체일까, 액체일까, 고체일까?"

누나와 내가 서로 쳐다봤다.

"밥이니까 고체일 거 같은데……."

"휘발유는 액체잖아."

누나도 잘 모르는 모양이었다.

"에너지는 기체도, 액체도, 고체도 아니야. 에너지는 물질이 아니거든. 에너지는 물질이 아니라서 질량이 없어. 그래서 저울로 잴 수도 없지."

그 말을 들으니 에너지가 몹시 신비롭게 느껴졌다.

"우리가 사는 지구의 에너지가 다 떨어지면 어떻게 돼요?"

나는 갑자기 걱정이 되었다.

"지구가 멸망하고 모든 생명이 죽겠지."

누나가 이렇게 대답하자 엄마는 손을 저었다.

"에너지는 절대 없어지지 않아. 영원히 없어지지 않지. 단지 형태가 바뀔 뿐이야. 예를 들어 위치 에너지라는 게 있어.

높은 곳에 있는 물체가 일을 할 수 있는 에너지를 위치 에너지라고 하거든. 높은 곳에 있는 물을 아래로 떨어뜨리는 수력 발전은 물의 위치 에너지를 이용한 거지."

"위치 에너지도 사라지지 않아요?"

"위치 에너지는 중력 때문에 생긴 거야. 중력은 영원히 사라지지 않잖아. 위치 에너지는 운동 에너지로 형태만 바뀔 뿐 사라지지 않아. 태양 에너지도 태양열을 이용하는 것이지. 태양도 항상 뜨겁고 밝게 빛나잖아."

"그러니까 에너지가 사라질지 모른다는 걱정은 할 필요가 없다는 말인 거지요?"

"그렇지! 역시 유식이는 척하면 알아듣는구나. 에너지는 형태가 바뀔 뿐이야. 이런 걸 좀 유식한 말로 에너지 보존의 법칙이라고 하지."

엄마는 김이 모락모락 나는 튀김을 꺼내면서 말을 이었다.

"에너지는 여러 종류야. 운동 에너지, 열에너지, 위치 에너지, 전기 에너지, 빛 에너지, 원자력 에너지……. 형태가 계속 바뀌면서 우리 주변에 항상 있어. 운동 에너지는 물체를 움직이게 해서 얻고, 열에너지는 석유와 석탄, 나무 같은 연료를 태워서 얻고, 위치 에너지는 높은 곳으로 물체를 올려서 얻지.

빛 에너지는 태양이나 빛에서 나오고, 전기 에너지는 석유나 물, 바람 등에서 나와."

"그러면 이건 튀김 에너지예요?"

내가 튀김을 가리키자 누나와 엄마가 소리를 내며 웃었다.

그때였다. 기름 냄새가 너무 독했던 걸까?

갑자기 핑 돌면서 현기증이 일어났다. 차가운 기운이 나를 스치고 지나갔다. 찌릿하면서 뭔가로 맞은 것처럼 이마가 아팠다.

"으…….” 하고 나는 이마를 누르면서 희미하게 신음했다.

"왜 그래?"

엄마가 물었다. 그 말과 동시에 머릿속이 화끈거렸다. 그러더니 감쪽같이 시원해졌다. 초능력이 생기려나?

"아니에요. 아무것도. 이 튀김 먹어도 돼요?"

"금방 꺼낸 거라 엄청 뜨거울 거야. 좀 식으면 먹어라."

난 아무 생각 없이 튀김을 집었다.

머릿속이 텅 빈 냉장고처럼 차가워진 기분이었다. 김이 펄펄 나는 고구마튀김을 입에 넣고 오물오물 맛있게 먹었다.

"안 뜨거운가 보네. 나도 먹어야지."

누나가 튀김을 바삭, 소리 나게 씹었다.

"으앗! 뜨으…… 그어엉어."

누나는 혀를 내밀고 두 손을 퍼덕거리며 정수기로 달려가 찬물을 벌컥벌컥 마셨다.

"혀랑 입천장이랑 다 뎄어."

"난 하나도 안 뜨거운데?"

난 금방 꺼낸 새우튀김을 바삭바삭 씹어 먹었다. 고소한 맛이 입안에 가득 퍼졌다. 누나와 엄마가 나를 이상한 눈으로 바라봤다. 나도 조금 이상하긴 했지만, 맛있는 건 맛있는 거다.

그때까지 난 알지 못했다.

내 몸속에 자동 온도 조절기 같은 초능력이 만들어졌다는 것을.

튀김을 만들던 중에 튀김 가루가 떨어졌다. 엄마는 슈퍼로 달려갔고, 그 사이에 누나는 입에 바를 약을 찾는다며 약장을 뒤졌다.

모두 잠깐 자리를 비운 사이에 큰 사고가 터졌다. 젓가락을 집으려다가 잠시 한눈을 팔아 젓가락이 기름 솥 속에 빠지면서 펄펄 끓는 기름이 내 손등에 튀었다.

치익!

그런데 어찌된 영문인지 아프지 않았다. 난 놀란 눈으로 손등을 빤히 내려다보고만 있었다.

"뭐 이상한 냄새가 안 나니?"

누나가 고개를 내밀며 물었다. 얼른 빨갛게 덴 손을 등 뒤로 감췄다.

"안 나는데? 뭔 냄새?"

나는 거짓말을 했다. 누나가 알면 놀라서 쓰러질 게 분명했으니까. 누나가 다시 방 안으로 들어가는 걸 확인하고 손등을 살펴봤다. 그런데 놀라운 일이 일어났다. 벌겋게 달아 올랐던

살이 원래대로 돌아와 있었다.

이것이 나의 새로운 초능력이구나! 아무리 뜨거운 열에서도 견딜 수 있는 초능력!

나는 주머니에서 별똥별을 꺼내 감사의 키스를 했다. 나는 이번만큼은 초능력을 잃어버리지 않겠다고 결심했다.

다른 날보다 아빠가 일찍 돌아왔다. 수북하게 쌓인 튀김을 보자 아빠의 입이 활짝 벌어졌다. 아빠가 행복해 하는 얼굴을 보자 나도 행복해졌다.

침대에 누웠는데 오늘도 어김없이 심각한 궁금증이 일어났다.

'에너지가 기체도 고체도 액체도 아니면 무엇일까? 에너지는 어떻게 모양을 바꾸는 걸까?'

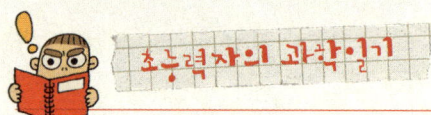

에너지는 어떻게
모양을 바꾸는 걸까?

오늘은 일기를 두 번 쓴다. 내 추측이 맞았기 때문에 빨리 기록을 해 둬야 한다.

내가 했던 추측은 연결 고리가 빠져 초능력이 완성되지 않는다는 거였다. 그렇다. 초능력이 완벽하게 생기려면 지식과 지식이 연결 고리로 서로 연결되어야만 한다. 초능력이 생겼다가 금세 사라지는 것은 연결 고리가 빠졌기 때문이다. 연결 고리가 빠진 지식은 끊어진 쇠사슬처럼 제 역할을 다할 수가 없는 것이다.

과학이란 것은 모두 연결돼 있다는 걸 어디선가 읽었다. 열 초능력의 연결 고리는 에너지였다. 열과 에너지는 서로 연결돼 있었다. 떨어뜨리려고 해도 떨어뜨릴 수 없는 사이라는 걸 나는 뒤늦게야 깨달았다.

에너지에 대한 설명을 엄마에게 듣고 나서 난 분명히 달라졌다. 초능력이 없었다면 내 한쪽 손등은 심하게 화상을 입었을 테니까. 초능력을 더 완벽하게 익히기 위해 나는 과학 원리를 찾았다.

에너지는 어떻게 모양을 바꾸는 걸까? 오늘은 이 사실을 밝혀내 일기에 적고자 한다. 내가 엄마와 누나를 통해 알아낸 바에 의하면 다음과 같다.

에너지는 계속 모양이 바뀐다. 에너지가 모양을 바꾸지 않는다면 이 세상이 있을 수가 없단다. 우리는 밥을 먹고 산다. 쌀은 태양의 열과 빛을 받아서 자란다. 그러니까 태양의 열에너지와 빛 에너지가 쌀을 키우는 거다. 그 쌀은 우리 몸으로 들어와 우리가 일을 할 수 있게 만든다. 태양 에너지가 음식이 되고, 음식은 다시 운동 에너지로 바뀌는 거다. 에너지는 이렇게 계속 모양이 바뀐다.

또 다른 사례가 있다. 전기를 써서 무거운 물건을 들어 올렸다면, 전기 에너지가 위치 에너지로 바꾸는 거다. 전기를 써서 전구를 밝게 켰다면 전기 에너지가 빛 에너지로 바꾸는 거고, 석유를 태워 난로를 켰다면 화학 에너지가 열에너지로 바꾸는 거다. 석유나 석탄 같은 물질이 가진 에너지가 바로 화학 에너지란다.

음하하!

이렇게 중요한 과학을 내 뇌 속에 넣게 되다니!

여덟 번째 사건

'힘'의 초능력을 발견하다!

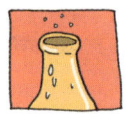

아빠가 이틀 동안 출장을 다녀왔다. 엄마는 피곤한 아빠를 위해 목욕물을 준비했다.

나는 아빠와 함께 목욕을 하며 아빠의 등을 밀었다. 아빠는 콧노래로 숭어라는 노래를 불렀다. 아빠가 가장 행복할 때 부

르는 노래다. 아빠의 노래를 들으니 숭어 한 마리가 목욕탕에서 기운차게 헤엄칠 것만 같았다.

아빠는 기분이 좋았는지 어렸을 때 얘기를 꺼냈다. 아빠는 강원도 산골에서 태어나고 자랐다고 했다.

"아빠가 어렸을 때에는 밤에 화장실에 가는 게 제일 무서웠어. 화장실이 집에서 멀리 떨어져 있었거든."

"지금처럼 집 안에 있었던 게 아니고요?"

"그래. 화장실은 가능하면 집에서 멀리 떨어진 곳에 지었지. 냄새나고 더러우니까. 그때는 수세식 변기가 없었어. 그래서 아이들은 화장실에 빠지지 않도록 조심해야 했어. 화장실에 빠져 똥을 뒤집어쓰면 똥독에 옮아 죽을 수도 있었거든."

"똥독이 뭐예요?"

"똥 속에 있는 독이야. 사람 몸속에 있는 소화 효소와 쓸개즙이 똥으로 나오면서 독이 되는 거야. 이 독들이 피부에 닿으면 가렵고, 붓고, 좁쌀 같은 물집도 생기지. 독이 피부에 염증을 일으키는 거야."

아! 나는 옛날에 태어나지 않은 걸 다행으로 여겼다.

"수세식 변기를 쓰면서 화장실이 정말 깨끗해졌어. 그때부터 화장실이 집 안으로 들어올 수 있게 된 거야. 수세식 변기는 냄새도 막아 주고 벌레를 막아 주거든."

그러고 보니 신기한 점이 있었다. 수세식 변기는 전기를 사용하는 것도 아닌데 물이 내려가고 다시 채워진다. 내가 그걸 묻자 아빠가 고개를 슬쩍 끄덕였다.

"궁금할 법도 하구나. 수세식 변기에 언제나 물이 고여 있는 건 더러운 냄새와 벌레와 세균을 막기 위해서야. 변기에서 나는 독한 구린내는 암모니아 냄새거든. 암모니아는 물에 잘 녹아. 그래서 물이 차 있으면 냄새가 녹아 버리는 거지."

변기 속에도 내가 모르는 과학이 숨어 있다니! 변기가 무척 대단하게 느껴졌다.

가족이 모두 모여 식탁에 둘러앉았다. 엄마는 맥주와 과일을 식탁에 올려놓았다. 아빠가 수건으로 얼굴을 닦으면서 웃었다. 아빠의 웃음은 맥주 거품을 닮았다.

"아빠, 요즘 어떤 제품을 개발하고 있어요?"

내가 물었다.

"아주 특수한 공기 정화기를 만들고 있지. 엄청나게 강력한 힘으로 오염 물질을 빨아들이는 거야. 세상에 깨끗한 공기를 선물하려고."

아빠가 와사삭 사과를 씹었다.

"공기 정화기와 정수기가 비슷한 거죠? 공기를 깨끗하게 하고, 물을 깨끗하게 하고."

"비슷하긴 한데 방법은 조금 달라. 공기 정화기에는 여러 종류가 있어. 아빠가 연구하는 건 정전기를 이용한 공기 정화기야. 정전기를 일으키면 양전하와 음전하를 띤 물질들이 서로 달라붙잖아. 그 원리를 이용해 담배 연기나 꽃가루, 미세

먼지 같은 걸 공기 정화기 안에 달라붙게 만드는 거지."

아빠가 정수기에서 시원한 물을 한 컵 받아 들이켰다.

"정수기 안에는 여과 장치라는 것이 있거든. 활성탄이 사용된 이 여과 장치가 물속에 있는 불순물을 걸러 내는 거야."

"활성탄? 무슨 총알 이름 같은데요?"

"활성탄은 야자나무 껍질이나 톱밥, 나무 같은 걸 태워서 만든 숯 같은 거야. 구멍투성이지. 물이 활성탄을 통과하면 구멍을 통해 오염 물질이 걸러지는 거야. 구멍이 송송 뚫린 체 있지? 그 체로 모래와 자갈을 걸러 내는 것처럼 활성탄이 불순물을 거르는 거지."

"아, 그래서 정기적으로 정수기를 손보는 거구나. 활성탄을 바꿔 주려고."

난 고개를 끄덕이며 병따개를 들었다. 사이다 병을 잡고 뚜껑을 따려고 했다. 그런데 그만 실수로 왈칵 사이다를 쏟고 말았다.

누나가 눈을 가늘게 뜨고 의심스러운 눈길로 바라봤다.

"너 요새 왜 이렇게 캐묻고 허둥대고, 사고만 치니?"

"내가 요즘 세상의 비밀을 깨닫느라 바쁘거든. 세상은 마치 양파 껍질 같단 말이야. 벗겨도 벗겨도 새로운 비밀을 숨기고 있는 것 같은……."

나는 만화 영화의 목소리를 흉내 냈다. 내 말이 멋있었는지 엄마가 감탄했다. 누나는 멀뚱한 표정을 지었다.

엄마는 병따개로 맥주 뚜껑을 땄다. 퐁~, 소리를 내며 맥주 거품이 올라왔다. 아빠의 웃음이 맥주 거품처럼 보글보글 차올랐다.

"유식이가 요새 과학 원리에 대해 자꾸 물어봐서 엄마는 기분이 정말 좋아. 엄마는 요즘 천재 과학자를 키우는 기분이란

다. 유식아, 이 병따개에도 과학의 비밀이 숨어 있다는 거 아니?"

"벼따거?"

난 입에 사과를 잔뜩 문 채 정확하지 않은 발음으로 대답했다.

"병따개는 지레야. 지레는 우리 생활에서 많이 사용하는 편리한 도구지. 우리 집만 해도 지레를 이용한 도구들이 많아."

난 어리둥절했다. 집 안에서 지레를 본 적이 없었으니까.

"가위, 손톱깎이, 젓가락, 집게, 핀셋 같은 것이 다 지레의 원리를 이용해 만든 편리한 도구들이야."

가위와 병따개, 젓가락이 지레와 닮은 점은?

가위가 물건을 잘 자르는 것도 지레의 원리 때문이다. 지레에는 세 가지 종류가 있다고 한다.

가위처럼 받침점이 가운데 있는 지렛대, 병따개처럼 받침점이 맨 앞에 있는 지렛대, 또 집게나 젓가락처럼 작용점이 맨 뒤에 있는 지렛대가 있다.

가위처럼 받침점이 가운데에 있는 지렛대를 1종 지레라고 부른다.

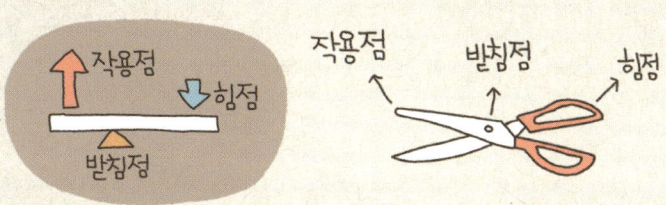

병따개는 힘점이 있는 부분이 손잡이다. 병따개는 적은 힘으로 병뚜껑을 딸 수 있다. 그래서 받침점과 작용점이 짧고, 작용점과 힘점을 길게 만들었다. 병따개처럼 받침점, 작용점, 힘점 순서로 돼 있는 지레를 2종 지레라고 부른다.

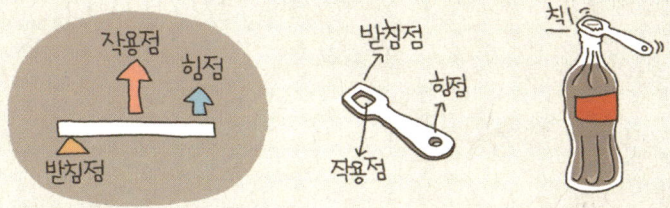

젓가락도 지레다. 집게, 낚싯대, 족집게도 다 지레다.

그런데 다른 지레와 조금 다를 뿐이다. 힘점에서 받침점까지의 거리보다 작용점에서 받침점까지의 거리가 더 멀다. 그래서 1종 지레와 2종 지레처럼 적은 힘을 들여 무거운 물건을 들지는 못하지만 세밀한 작업을 하는 데 편리하다. 이런 지레를 3종 지레라고 한다.

"지레의 힘은 얼마나 세요?"

"지구를 들 만큼."

아빠의 대답에 나는 눈이 휘둥그레졌다.

"사실이야. 지레의 원리를 과학적으로 밝혀낸 사람은 아르키메데스라는 그리스 과학자야. 아르키메데스는 지레와 받침대만 있다면 지구도 들어 올릴 수 있다고 주장했지."

불쑥 어떤 생각이 빛처럼 스치고 지나갔다.

나는 얼른 자리에서 일어났다.

"전 이제 그만 제 방에 가서 오늘 알게 된 힘의 원리를 정리할래요."

모두들 무슨 일이냐는 표정으로 빤히 쳐다봤다. 난 어깨를 으쓱하곤 방 안으로 돌아왔다.

책상 앞에 앉아 과학일기를 펼치고 힘의 원리를 적어 내려가기 시작했다. 그림을 곁들여 꼼꼼하게 적었다. 지구를 들 만큼 강력한 힘이 내게 생기길 바라면서.

학교에서 마지막 수업이 막 끝나려고 할 때였다. 교문으로 경찰차가 들어왔다.

잠시 후 텔레비전으로 긴급 방송이 나왔다. 학교 방송국 선

생님과 함께 경찰차에서 내린 경찰 두 명이 보였다. 선생님은 경찰들을 소개했고, 그분들은 손을 올리며 경례를 했다.

"여러분에게 긴급하게 도움을 요청할 일이 있어 경찰서에서 찾아왔습니다. 이 사진을 잘 봐 주세요."

경찰 아저씨가 든 사진에는 검은 복면을 한 남자의 옆모습이 찍혀 있었다.

"이 사람은 키가 175센티미터 정도로 뚱뚱하지 않은 체격입니다. 나이와 생김새 등은 전혀 알 수 없습니다. 이 사람은 매우 위험한 인물로 최근 은행 두 곳을 턴 상습 은행털이범입니다. 혹시 여러분이 이렇게 생긴 사람을 본다면 바로 경찰서로 신고해 주시기 바랍니다."

경찰들은 경례를 하고 급히 돌아갔다.

집으로 돌아오는 큰 길이 매우 혼잡했다. 자동차들이 앞으

로 가지 못하고 줄지어 서 있었다. 경찰이 교통을 통제하고 있었다.

경찰들은 바리케이드를 치고 지나가는 차량 한 대 한 대를 모두 조사했다. 그리고 큰 길 너머에는 경찰차들이 서 있었고, 경찰들이 은행을 완전히 에워싸고 있었다. 사람들은 구경하느라 까치발로 서서 목을 길게 빼고 있었다. 나는 괜히 무섭고 겁이 났다.

"저 은행이 털렸대."

어떤 아주머니가 다른 아주머니에게 말하는 걸 들었다.

"벌써 두 번째잖아. 우리 동네 은행이 털린 게 벌써 두 번째야."

"이번에도 벽을 통과해서 돈을 훔쳐 가는 게 CCTV에 찍혔대."

"사람이 어떻게 벽을 통과해?"

"유령이야! 사람이 아니라 귀신이야!"

나는 소름이 오싹 끼치고 머리카락이 쭈뼛 섰다. 귀신이 은행을 털었다면 어떻게 경찰이 잡을 수 있을까?

 조금 지난 다음 방송국에서 카메라와 마이크를 든 사람들이 몰려왔다. 나는 멀리 떨어져서 바라봤다. 어디선가 귀신이 벽을 통과해서 나타날 것만 같아 두려웠다.

 저쪽 골목 안쪽에 한 남자가 야구 모자를 쓰고 이 소동을 바라보고 있었다. 그때 내 귀로 이상한 소리가 들렸다.

'찾아봐라. 실컷 찾아봐. 내가 잡히나.'

 난 남자 쪽을 바라봤다. 야구 모자를 깊이 내려쓰고 있어서

얼굴이 보이지 않았다. 아마 마음을 읽는 내 초능력이 작동한 모양이다. 그래서 그 남자의 마음을 읽을 수 있었던 것 같다.

'으흐흐, 크흐흐, 돈 벌기가 정말 쉬워.'

나는 남자 쪽으로 재빨리 뛰어갔다. 무서웠지만 그렇다고 도망칠 수는 없었다. 얼굴을 확인하고 싶었다. 그 남자가 범인 같았다.

하지만 골목 안쪽에는 아무도 없었다. 골목 안쪽은 완전히 막다른 곳이었다. 만약 벽을 통과했다면 저 골목을 통과해서 사라졌겠지. 아니면 어른들 말대로 정말 귀신일까?

나는 경찰에 신고를 하려다가 그만뒀다. 아무도 내 말을 믿어 줄 것 같지 않았으니까. 비밀을 간직하기란 정말 어려운 일이다.

내가 가진 초능력으로 범인을 잡을 수 있을까? 내가 귀신과 대결할 수 있을까? 만약 내가 스파이더맨이나 배트맨 같은 슈퍼 히어로가 된다면 어떻게 될까?

상상만 해도 짜릿한 기분이 든다. 경찰도 잡지 못하는 범인을 내가 잡는다니!

엄마 아빠는 뭐라고 하실까? 선생님의 표정은 어떨까? 친구들은 얼마나 놀랄까? 내 사랑 희주는 내게 뭐라고 할까?

여기까지 생각이 미치자 나는 갑자기 기운이 빠진다. 아무래도 내 주변 사람들은 나를 좋아할 것 같지가 않다. 어쩌면 괴물 취급할지도 모른다. 희주는 무서워서 내 곁에 오려고 하지 않을 수도 있다. 엄마 아빠는 병원에 전화를 할지도 모르고, 국가 비밀 실험 기관에서 나를 잡아가 원숭이처럼 실험 대상으로 삼을지도 모른다.

아, 초능력이 있다고 행복해지라는 법은 없구나. 그렇다, 초능력이 있다고 모두 슈퍼 히어로가 되는 것은 아니다. 어쨌든 슈퍼 히어로가 등장하는 영화를 많이 봐야겠다.

여태까지 본 영화 속의 슈퍼 히어로는 세 가지 공통점이 있다.

첫째, 지구의 평화와 정의를 수호하는 일을 한다.

둘째, 아무도 모르게 몰래 숨어서 한다.

셋째, 멋진 옷과 가면을 쓰고 있다.

슈퍼 히어로가 되려면 이 세 가지는 반드시 지켜야 한다. 초능력 생기는 것도 어려운데, 이 세 가지 규칙까지 지켜야 하다니!

나는 제일 쉬운 세 번째 것부터 시작하기로 했다. 멋진 옷과 가면을 준비하는 것이다. 나는 빨간색이 잘 어울린다. 스파이더맨도 거미줄이 그려진 빨간 옷을 입는다.

옷장을 뒤져 보았다. 빨간 내복이 있다. 빨간 내복을 꺼내 입고 거울 앞에서 한 쪽 팔을 들고 하늘을 나는 표정을 지어 보았다.

멋진 슈퍼 히어로다!
빨간 내복의 초능력자!
이제 지구의 정의와 평화를 수호하기 위한 준비는 끝났다.

난 별똥별을 손에 꼭 쥐고 주먹을 뻗었다. 범인을 내 초능력으로 잡을 수 있었으면 좋겠다!

초능력아, 솟아라!

어마어마한 힘이여, 내게 생겨라!

내 엄청난 파워로 악의 무리를 물리치리라!

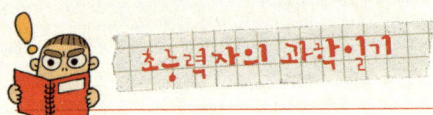

아주 긴 지레가 있다면,
지구를 들 수 있을까?

어마어마한 힘이 생기려면 힘에 대한 원리를 깨달아야 한다. 학교에서 지레를 이용하면 물건을 쉽게 들어 올릴 수 있다는 것을 배웠다. 그러면 지레의 원리를 알게 되면 힘의 초능력이 생기지 않을까?

지레는 받침을 어디에 놓느냐에 따라 아주 적은 힘으로도 아주 무거운 물건이라도 들 수 있다고 한다. 예를 들어 100kg의 물건을 그냥 들기는 힘들다. 하지만 받침에서 물건까지의 거리가 1m이고, 받침에서 힘을 주는 곳까지 거리가 10m라면 10분의 1의 힘으로 물건을 들 수 있다. 100kg을 이 지레에 올려놓으면 10kg을 들 힘만 쓰면 되는 거다.

만약 1,000kg이 나가는 코끼리라도 지레가 충분히 길면 얼마든지 들 수 있다. 받침에서 물건까지의 거리가 1m이고, 받침에서 힘을 주는 곳까지 거리가 1,000m라면 1,000분의 1의 힘으로 들 수 있다. 1kg을 들 힘만 있으면 되는 거다.

그러면 엄청나게 긴 지레가 있다면 지구를 들 수도 있지 않을까?

내가 이 질문에 대한 해답을 찾은 결과, 놀랍게도 가능하다는 것을 알게 됐다.

그래서 과학자들은 지구를 들 수 있는 지레의 길이를 계산해 봤단다. 과학자들은 별 걸 다 계산한다. 지레의 길이는 $1,100 \times 10^8$광년만큼 길어야 한다. 1광년은 빛이 1년간 가는 거리다. 그러니까 상상을 초월할 만큼의 길이라고 할 수 있다. 아무튼 지구를 들어 올리는 게 불가능한 건 아니다. 엄청나게 긴 지렛대만 있으면 말이다.

이런 지레를 만들 지구인은 지금은 없다. 그러니까 누군가 지구를 들어 올릴지도 모른다는 걱정은 할 필요가 없다.

아홉 번째 사건

빨간내복 초능력자의 탄생!

"크흐흐, 크흐흐……."

어디선가 이상한 웃음소리가 들렸다. 기분 나쁜 웃음소리였다.

벽에서 누군가 툭 튀어나왔다. 야구 모자를 쓴 남자였다.

나는 도망쳤다. 그런데 그 남자는 다시 벽 속으로 들어갔다가 나보다 더 빨리 앞으로 가서 나를 가로막았다. 너무 무서워 다리가 덜덜 떨렸다.

"크흐흐, 크흐흐흐……."

"사람이에요? 귀신이에요?"

남자는 계속 웃으면서 검은 복면으로 변신했다. 그리고 내 앞으로 뚜벅뚜벅 걸어왔다.

"바로 너야!"

"으악!"

나는 비명을 지르며 잠에서 깼다. 오늘 또 꿈을 꿨다.

은행 도난 사건이 일어난 지 한 달의 시간이 흘렀다. 그동안 다행히 은행 도난 사건은 더는 일어나지 않았다. 우리 동네에서 날마다 벌어졌던 경찰의 수사도 거의 사라졌다. 벽을 통과하는 그 귀신 같은 범인은 어디로 갔을까? 나는 여러 번 범인에게 쫓겨 다니는 꿈을 꿨다.

학교에 가자 아이들이 수군댔다.

"은행털이범이 사람이 아니라 외계인이래."

"외계인이 왜 돈을 훔쳐?"

"돈을 훔치는 게 아니라, 돈을 모조리 사라지게 하는 거지. 지구에 있는 모든 돈이 모두 사라지면 사람들이 어떻게 살 수 있겠어?"

"히익! 맞다! 돈이 없으면 밥도 못 먹고, 빵도 못 먹고, 학원도 못 다니고……."

"학원에 못 다니는 건 좋다!"

"그걸 말이라고 해?"

희주가 영철이의 옆구리를 찔렀다.

"외계인들이 지구의 돈을 모두 훔쳐 가면 우리는 거지가 되는데…….”

"지구인을 거지로 만들어서 우리를 부려 먹으려나 봐. 자기들의 노예로!"

혜성이가 혀를 내밀며 책상 위에 엎어졌다.

난 '바보 같은 녀석들!'이라고 한마디 해 주고 싶었지만, 꾹 참았다. 돈이 없으면 돈을 찍으면 되는데, 그것도 모르다니! 우리나라에는 어마어마하게 큰 돈 공장이 있단 말이다, 어디 있는지는 모르지만.

집으로 돌아가는 길이었다. 희주와 나란히 걷게 됐다. 희주는 골목을 돌아보며 두리번거렸다.

"왜 그래? 누구 찾아?"

"아니…… 혹시 은행털이범이 숨어 있을까 봐…….”

희주가 걱정스러운 눈길로 말했다. 희주는 마치 유괴범이 있을까 두려워하는 얼굴이었다.

"외계인은 아니겠지만…… 인터넷에서 봤는데 유령이라고 하더라. 저주 받은 유령!"

"저주 받은 유령이라고?"

"응. 돈이 없어서 굶어 죽은 유령인데, 복수하려고 돌아다니는 거래. 머리를 가방에 넣어 갖고 다니다가 사람을 만나면 가방을 열고 머리를 꺼낸대. 그 유령을 한 번이라도 마주치면 저주를 받아서 그 즉시 목숨이 끊어진대."

희주는 두 손으로 주먹을 쥔 채 부르르 떨었다. 다른 사람이라면 몰라도, 희주 말이라서 왠지 믿음이 갔다.

그때였다. 회색 코트를 입은 한 남자가 골목 사이로 들어왔다. 남자는 이쪽저쪽을 살피면서 바닥을 훑어보고 집들 사이의 벽을 매만지기도 했다. 한눈에 보기에도 수상쩍었다.

"쉿!"

나는 희주를 끌고는 벽 사이의 좁은 틈에 숨었다. 그리고 남자를 훔쳐봤다. 남자는 주변을 두리번거리다가 벽을 발로 쿵쿵 걷어찼다. 그러고는 휙, 하고 놀라운 솜씨로 벽을 넘어갔다. 대단히 재빠른 솜씨라서 우리는 입이 떡 벌어졌다.

"유…… 유령…… 저…… 저주!"

희주는 정말 저주라도 받은 것처럼 부들부들 떨었다. 희주의 말대로라면, 우리는 저주를 받아 목숨이 끊어져야 할 판이었다. 하지만 나는 멀쩡했고, 희주도 창백해진 얼굴 빼고는 멀쩡했다.

"휴대 전화 있어? 경찰에 신고해야지!"

나는 희주에게 속삭였다. 부들부들 떠는 손으로 희주가 가방에서 휴대 전화를 꺼내려는 순간, 다시 쿵, 하는 소리가 났다. 나는 고개를 들고 바라봤다. 벽을 넘어간 그 남자가 어느새 다시 벽을 넘어왔다. 그리고 아무 일도 없다는 듯이 골목 사이로 걸어 나갔다. 나는 머릿속이 하얗게 변하는 것 같았다.

남자가 완전히 사라진 후에야 나는 경찰에 전화를 걸었다.
"여기 수상한 사람이 있어요. 벽을 넘어갔어요. 아무래도 은행털이범 같아요."

나는 숨 가쁜 목소리로 신고했다. 한숨을 길게 쉬고 나서야 희주를 다시 바라보았다. 희주의 큰 두 눈동자에서는 눈물이 계속 흘러내렸다. 희주는 완전히 공포에 질려 있었다. 희주는 울음소리가 나서 들킬까 봐 손으로 입을 틀어막고 있었다. 희주의 손은 새빨갛게 됐고, 희주의 얼굴은 눈물로 흥건했다.

"괜찮아?"

나는 희주에게 말했다. 희주는 태풍이 불 때의 나뭇가지처

럼 떨었다.

"갔어. 갔다고. 이제 경찰이 올 거야. 걱정하지 마."

나는 희주의 등을 가볍게 두드렸다. 하지만 희주의 울음은 멈출 줄 몰랐다. 잠시 후, 경찰차의 사이렌 소리가 들렸다. 나는 희주를 부축한 채 간신히 일어났다. 희주는 내가 집까지 데려다 주는 동안 바닥에 여러 번 주저앉았다.

집에 돌아오는 동안 나도 자꾸 몸이 떨렸다. 은행털이범이 무서워서가 아니었다. 저주를 받았을까 봐 두려워서도 아니었다. 희주가 불쌍했다. 희주를 지켜주고 싶었다. 힘없는 사람들을 지켜주고 싶었다.

나는 초능력을 얼른 키우고 싶었다. 초능력이 완벽해진다면 범인의 마음속을 읽을 수 있을 테고 경찰에게 신고를 할 수 있기 때문이다.

그날 이후 학교가 끝나면 나는 도서관으로 향했다. 그리고 과학의 원리를 깨닫기 위해 이 책 저 책 닥치는 대로 뒤져 가면서 과학일기에 적어 나갔다.

어떤 것은 이해가 되지 않았다. 이해가 안 된다는 것은, 그렇다, 어딘가에서 연결 고리가 끊어진 것이다. 지식의 고리가 끊어지면, 다른 지식도 쓸모가 없어진다.

나는 그 연결 고리를 찾기 위해 또 많은 책을 뒤져야 했다. 하나씩 둘씩 뭔가 머릿속에서 모였다가 흩어지고 다시 모였다가 연결됐다. 서로 아무 상관도 없어 보이는 지식이라 할지라도 그 원리를 따지고 들어가다 보면 상관이 있었다.

그런 원리들이 모이고 모여서 사람과 자연의 수수께끼를 풀 열쇠가 되고 우주를 탄생시킨 힘의 비밀을 푸는 열쇠가 되는 것이다. 그리고 나는 그 열쇠를 만들어 내는 열쇠공인 것이다.

그 사이에 초능력은 그러니까 내 머릿속을 훑고 지나가는 차가운 바람은 수십 차례 불어왔다가 사라졌다.

이 과정을 반복하는 동안 내게 한 가지 의문점이 생겼다.

내 몸 속 어딘가에 초능력이 잠자고 있다는 것은 느낄 수 있었다. 하지만 그 능력을 불러올 방법을 알지 못했다.

시간이 날 때마다 정신을 집중하여 실험을 해 보아도 사고만 칠 뿐이었다. 초능력은 손님처럼 찾아왔다가 바람처럼 사라졌다.

　안타깝다. 분명히 나의 두뇌 어딘가에 그 해답이 있을 것이다.

　일요일 아침이었다. 아빠와 나는 자전거를 타고 동네를 돌았다. 열심히 자전거를 타다 보니 온몸에서 땀이 났다.

　내 가방 안에는 물통과 수건 그리고 빨간 내복과 목도리로 만든 초능력 슈퍼 히어로의 옷이 있었다. 무슨 일이 일어나면 언제든지 출동하기 위해서였다.

큰 트럭이 도로를 막고 있었다. 몹시 무거워 보이는 큰 상자를 올리는 중이었다.

아저씨 여러 명이 상자를 들어 트럭에 싣다 말고 다시 내렸다.

"어휴, 너무 무거워서 올릴 수가 없어. 잘못하면 사람이 다치겠어."

아저씨 한 명이 땀을 닦으면서 말했다.

아쉬웠다. 내가 엄청난 힘을 가진 초능력 슈퍼 히어로였다면 지금 당장에 빨간 옷으로 갈아입고 출동해서 가볍게 해결해 주었을 텐데. 하지만 나에겐 아직까지 손가락 하나로 자동차를 들어 올릴 만큼의 강력한 힘이 없었다. 그런데 때로는 과학이 초능력보다 더 놀라운 능력을 보여 줬다.

"빗면을 이용하세요. 빗면을 이용하면 힘이 덜 드니까 훨씬 쉬울 겁니다."

아빠가 자전거에서 내리면서 말했다. 아저씨들이 아빠를 바라봤다.

"아, 그렇군요!"

아저씨들은 다시 의기투합해서 두꺼운 판자를 트럭에 대고 길게 빗면을 만들어 천천히 상자를 올렸다. 그러자 큰 힘을 들이지 않고도 상자는 트럭에 거뜬하게 올라갔다.

"머리가 참 좋은 분이시군요."

트럭에 탄 아저씨가 인사를 하며 멀어졌다. 나는 아빠를 존경스러운 눈으로 바라봤다.

"아빠, 어떻게 그런 생각을 하셨어요? 빗면의 원리는 어느 과학자가 발명했어요?"

"빗면은 발명품이 아니라, 까마득한 옛날에 누군가 발견해서 오래전부터 이용해 왔던 거야. 빗면은 지레나 도르래보다 훨씬 더 먼저 사용했다고 해. 무거운 짐을 드는 건 예전이나 지금이나 쉬운 일이 아니었지만 빗면을 쓰면 아무리 무거운 물

건이라도 쉽게 들어 올릴 수 있었지. 고인돌도 빗면의 원리로 만든 거야."

"바위를 3m 위로 수직으로 밀어 올리는 것과 빗면을 만들어 같은 높이만큼 위로 올리는 것의 일의 양은 똑같아. 빗면 위로 끌어올리면 바위를 더 많은 거리를 움직여야 해. 하지만 빗면을 쓰면 힘을 적게 들이고 일을 할 수 있지."

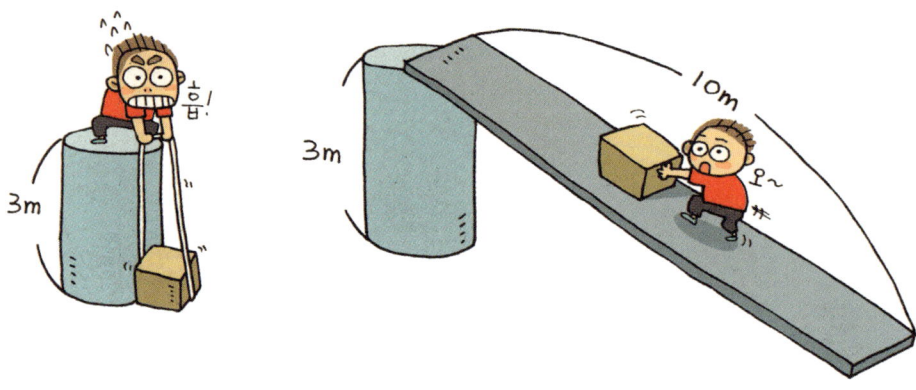

"아하! 산을 오르는 거나 비슷하네요! 빗면이 길어지면 길어질수록 힘이 덜 드는 대신에 더 오래 가야 한다는 뜻이죠? 산을 똑바로 가느냐, 빗면으로 편하게 돌아가느냐, 이 차이네요."

"맞았다. 예를 아주 잘 들었구나. 우리 주변에는 빗면의 원리를 이용한 도구들이 많아. 대표적인 게 나사지."

아빠의 설명을 듣자 머릿속에 차가운 바람이 휘몰아쳤다.

나는 확실하게 눈치챘다. 이건 새로운 초능력이 생긴다는 신호였다. 나의 뇌 어딘가에서 지금 놀라운 변화가 이루어지고 있다는 증거다.

눈을 감고 강한 힘이 밑바닥에서 올라오기를 가만히 기다렸다. 돌멩이를 쥐면 한 손에 가루로 만들 수 있을 것 같았다. 그러나 참아야 했다. 아빠가 눈치채면 안 되니까.

집에 가서 대충 점심을 먹었다. 그러다가 그만 실수로 숟가락 두 개와 젓가락 세 개를 부러뜨리고 말았다.

나는 누구에게 들킬세라 얼른 휴지통에 버렸다. 또 문손잡이를 휘게 했고 침대 매트리스를 주저앉게 만들었다. 뭐든지 조심하지 않으면 집 안 전체를 엉망으로 만들 것 같았다.

빗면의 원리를 깨달으면서 내 몸도 변한 모양이다. 힘을 적게 들이고도 강력한 힘을 낼 수 있는 초능력이 생겼다.

초능력이 점점 더 세졌다. 근육이 불끈불끈 움직였다. 나는 힘이 넘쳐서 집에 가만히 있을 수가 없어 자전거를 끌고 나왔다.

그때 요란한 사이렌을 울리며 소방차들이 어디론가 급히 출동했다. 나는 자전거로 소방차를 쫓아갔다. 평소에는 자전거가 소방차를 따라갈 수 없었지만 힘차게 페달을 밟자 소방차를 앞질러 갔다.

검은 연기가 하늘 높이 피어올랐다. 우리 집에서 좀 떨어진 곳에 있는 가구 공장에서 불이 난 거다. 붉은 혓바닥 같은 무서운 불길이 널름널름 건물 전체를 집어삼켰다. 구경꾼들이 잔뜩 몰려와 발을 동동거리며 안타까운 표정으로 불길이 커지고 있는 공장을 보고만 있었다.

소방차 여러 대가 출동했지만 불길을 잡지 못하고 공장으로 들어갔던 소방관들이 뛰어나왔다.

"큰일입니다. 나무에 불이 옮겨 붙어 불길이 쉽게 잡히지가 않습니다! 바람이 불어 불길이 점점 더 거세지고 있습니다!"

그때였다.

"살려 줘요! 여기예요! 살려 주세요!"

공장 4층의 창가에서 찢어지는 듯한 비명 소리가 들려왔다. 얼굴이 검게 그을린 채 한 아주머니가 구해 달라고 손짓을 하고 있었다. 그러나 누구도 아주머니를 구하러 건물 안으로 들어가겠다고 나서지 못했다. 그만큼 타오르는 불길은 너무나 위험하고 거셌다.

"빨리 구하지 않으면 죽게 될 거야!"

사람들이 주먹을 쥐고 발을 동동 굴렀다. 그러나 뾰족한 방법이 없어서 다들 구경만 할 뿐이었다.

사람들이 발만 동동거리는 모습을 보자, 내 심장이 터질 듯이 두근거렸다. 머릿속으로 차가운 얼음 바람이 훅, 하고 불어오더니 눈앞이 하얗게 변하면서 온몸의 피가 머리로 몰리는 것만 같았다. 코 속의 별똥별이 뜨거워졌다.

"살려야 돼! 누가 저 사람을 제발 살려 주세요!"
"이럴 때 슈퍼맨이라도 있었으면!"
사람들이 아우성치는 소리가 귓속에 맴돌면서 작아지더니 이윽고 형광등을 켠 것처럼 머릿속이 환하게 밝아졌다. 그동안 써 왔던 〈초능력자의 과학일기〉의 글자와 그림들이 그림 맞추기를 하는 것처럼 저절로 자기 자리를 찾아갔다.

나는 사람들이 없는 골목으로 들어가 가방에서 빨간 옷을 꺼내 갈아입었다. 그리고 자전거를 타고 불이 훨훨 타오르는 공장 안으로 곧장 달려 들어갔다.

"저것 봐! 저 사람 미쳤나 봐!"

"막아! 빨리 막아야 해! 죽을 거야!"

사람들이 외치는 소리가 등 뒤에서 들렸다. 그러나 난 이미 공장 안으로 거의 들어온 상태였다. 공장 안은 온통 불바다였다. 자전거를 타고 더는 들어갈 수 없었다. 하지만 난 조금도 뜨겁지 않았다. 펄펄 끓는 기름에 손등이 데었을 때처럼 내 몸에는 오히려 차가운 냉기가 흘렀다.

'사람 살려!'

어디에선가 비명 소리가 희미하게 울렸다. 초능력으로 들을 수 있는 소리였다.

'살려 줘요! 제발 살려 줘요!'

나는 눈을 감고 비명 소리가 들리는 곳을 알아내려고 집중했다. 4층에서 들리는 소리였다. 그러나 올라갈 계단이 보이지 않았다. 자욱한 연기 때문에 앞을 제대로 볼 수 없었다.

나는 손으로 더듬거리면서 한 걸음씩 앞으로 나아갔다. 건물 구석에서 간신히 엘리베이터를 발견했다. 전기가 끊겼는지 전혀 작동을 하지 않았다.

'전기 초능력을 써야 할 때다.'

누가 가르쳐 주지 않았는데도 나는 익숙하게 양쪽 손바닥을 힘껏 비볐다. 그러자 전기가 빠지직 피어올랐다.

손바닥을 엘리베이터 버튼에 갖다 댔다. 웅, 소리가 나면서 엘리베이터 문이 열렸다. 엘리베이터를 타고 4층에서 내려 부리나케 창문 앞으로 뛰어갔다. 아주머니는 쓰러져 있었다. 숨을 쉬는 것 같지 않았지만 아주머니의 마음의 소리는 들을 수 있었다.

'살아야 해. 가족을 위해서 살아야만 해.'

내가 초능력으로 아주머니의 마음을 읽은 거였다.

"으으으……."

아주머니가 신음 소리를 힘겹게 흘렸다. 불은 이미 4층 천장까지 옮겨 붙었다.

"아주머니, 정신 차리세요! 제 등에 업히세요!"

아주머니를 흔들어 깨웠지만, 신음 소리를 흘릴 뿐 정신을 차리지 못했다. 나보다 훨씬 무겁고 큰 아주머니를 업고 이곳에서 빠져나가야 했다.

아주머니 앞에서 나는 무릎을 꿇고 두 주먹을 불끈 쥐고 힘

의 원리에서 깨달은 강력한 초능력이 생기길 기대하면서 온 정신을 집중했다.

"으랏차!" 하고 소리를 토해 냈다. 순간, 내 몸의 근육들이 불끈거리며 뜨겁게 달아올랐다. 아주머니를 어깨 위로 들춰 업었다! 아주머니는 솜뭉치처럼 가벼웠다! 내가 괴력을 발휘한 것이다!

엘리베이터를 타고 다시 1층으로 내려왔다. 그러나 건물 입구는 온통 불길로 휩싸여 있었다. 나는 불길을 뚫고 갈 수 있을지 몰라도 아주머니는 견디지 못할 것 같았다.

"으아아앗!"

있는 힘을 다해 온몸에 힘을 줬다.

그러자 마치 에어컨에서 찬바람이 쏟아지듯 몸에서 차가운 냉기가 뿜어져 나왔다. 날 태워 버리려고 넘실거리던 주변의 불길이 삽시간에 멀어졌다.

나는 아주머니를 업은 채 입구를 향해 돌진했다.

잠시 후 맑고 깨끗한 공기가 내 얼굴에 부딪쳤다.

"와! 나왔다! 살아 나왔어!"

수많은 사람들이 손뼉을 치며 환호했다. 나는 월드컵에서 결승 골을 넣은 기분이었다. 날개가 있다면 날아갈 것만 같았다.

아주머니를 구급차에 실었다. 소방관들이 아주머니에게 산소 호흡기를 대고 응급 치료를 했다.

"여보세요. 당신은 누구세요? 당신은 괜찮아요?"

사람들이 내 주위로 몰려들었다. 다행히도 내가 입은 빨간 옷과 복면 때문에 내 얼굴을 알아보는 사람은 없었다. 나는 부리나케 그 자리를 피해 도망쳤다.

 저녁에 우리 가족은 아무 일도 없었던 것처럼 평화로운 저녁 식사를 하고 있었다.
 텔레비전에서 뉴스가 흘러나왔다. 우리 동네에서 있었던 화재 사건이 그대로 방송됐다. 아나운서가 잿더미가 된 공장 앞에 서서 마이크를 잡고 말했다.
 "정체불명의 인물이 한 시민을 위기에서 구출해 냈습니다. 빨간 내복을 입고 빨간 복면을 하고 있어서 사람들은 그를 빨

간 내복이라고 부르고 있습니다. 빨간 내복은 시민을 구한 뒤 화재 현장에서 바로 종적을 감추었습니다. 자신의 목숨을 걸고 위험한 상황에 뛰어들어 소중한 생명을 구해 낸 빨간 내복. 시민들은 빨간 내복을 찾아 훌륭한 시민의 상을 줘야 한다면서……."

그때 텔레비전에 내 모습이 방영됐다. 불길에서 뛰쳐나와 구급차에 아주머니를 싣는 모습이었다.

혹시나 부모님이 빨간 내복의 주인공이 나라는 것을 알아챌까 봐 난 서둘러 눈을 깜박였다. 그러자 텔레비전 채널이 휙휙 넘어갔다.

"어, 텔레비전이 갑자기 왜 이러지? 리모컨이 고장 났나?"

다행히 우리 가족의 화제는 텔레비전으로 돌아갔다. 그렇게 그날 사건은 잊혀졌다.

"인간이 생각해 낼 수 있는 모든 일들은 일어날 수 있는 현실이다."

나는 이제야 이 말의 뜻을 이해할 수 있다.

위기의 순간에 인간은 자신이 가진 모든 능력, 아니 그 이상의 능력을 발휘할 수 있기 때문이다.

> 첫 번째 임무 수행 완료.
> 사람의 목숨을 구함.
> – 빨간 내복

나는 〈초능력자의 과학일기〉에 연필을 꾹꾹 눌러 적어 넣었다. 가슴이 벅차오르며 뿌듯함이 밀려왔다.

다음 날부터 나는 시간이 날 때마다 골목에 들렀다. 희주와 내가 담을 타 넘는 낯선 남자를 봤던 바로 그 골목 말이다. 겁이 나고 두려웠지만 용기를 냈다.

그날도 나는 골목 사이의 좁은 틈에 몸을 숨기고 눈만 살짝 내놓고 있었다. 그런데 누군가 내 등을 두드렸다.

"히익!"

비명을 지르며 뒤를 돌아보자 거기에는 바로 그 몹시도 수상쩍은 남자가 서 있었다. 나는 머리카락이 쭈뼛 설 정도로 소름이 돋았다.

"저…… 저주 받은 유령!"

나도 모르게 뒷걸음질 치며 중얼거렸다.

"누가? 내가?"

남자는 자신을 가리켰다. 그러고는 "허허허!" 하고 입을 크게 벌리며 웃었다.

"힘이여, 솟아라! 악의 무리를 물리치리라!"

나는 두 팔을 번쩍 들면서 있는 힘을 다해 소리쳤다. 그러나 초능력이 생기기는커녕 찬바람이 횡 하고 불어왔다. 나는 또 한 번 죽을힘을 다해 외쳤다.

"초능력아, 솟아라! 강력한 파워야, 일어나라!"

그러나 찬바람에 과자 봉지 하나가 내 얼굴에 철썩 붙을 뿐이었다.

"너, 지금 뭐 하는 거냐?"

남자가 다가오며 물었다.

"경찰에 신고할 거예요! 가까이 다가오지 마세요!"

나는 주머니에서 휴대 전화를 꺼냈다. 그러자 그 남자도 주머니를 뒤적거렸다. 혹시 권총을 꺼내는 게 아닐까? 나는 두 손을 번쩍 들었다.

"살려 주세요! 제발요! 저는 아직 할 일이 많다고요!"

남자는 고개를 갸웃거리고는 주머니에서 뭔가를 꺼내 내 코 앞에 갖다 댔다.

"강력 1반 특수형사 오금순?"

"경찰에 신고할 필요 없다. 내가 바로 경찰서에서 나왔다."

아저씨는 손을 탁탁 털고는 바닥에 주저앉았다.

"그러면 지난번에 왜 담을 넘어갔어요?"

"그걸 봤어? 하여튼 요즘은 잠복 수사도 못한다니까. 혹시 은행털이범이 이 담을 타 넘어 도망친 것 같아서 나도 넘어 봤을 뿐이야."

형사 아저씨는 피곤한 듯 고개를 흔들었다. 나는 간신히 한숨을 내쉬었다. 아저씨는 주머니에서 껌을 꺼내 내게 내밀었다. 우리는 나란히 앉아 골목을 바라보며 껌을 씹었다. 새콤달콤한 오렌지 맛이 났다.

"이 동네에 수상한 사람은 못 봤니? 나 빼고."

"사람은 못 봤고, 소문은 들었어요."

"무슨 소문?"

"외계인들이 지구인을 거지로 만들 침략 작전을 세우고 돈을 모조리 훔쳐 간대요."

"됐다! 그거 말고."

"저주 받은 유령이 가방에 머리를 넣고 다닌대요. 그러다가……."

"가만! 가방에 머리라고 했니?"

형사 아저씨가 되물었다.

"네."

"가방에 머리라……."

"유령인가요, 아닌가요?"

내가 물었다.

"유령은 아니지. 흔적이 남았거든. 유령은 흔적을 남기지 않지만 사람은 흔적을 남기지. 그래서 완전 범죄라는 건 있을 수 없는 거야."

"아! 그 흔적이 뭔데요?"

내가 물었다. 그때 형사 아저씨의 휴대 전화가 울렸다.

"특수형사 오금순입니다. 네, 그렇지요. 제 생각에는 지난

번 화재 사건 때 나타났던 빨간 내복이 범인과 연관이 있는 게 아닌가 싶습니다. 제가 왜 그런 추측을 하냐 하면, 두 사건 모두 보통 사람의 능력으로는 불가능하니까요. 이건 초능력의 수준입니다. 네, 그렇지요."

나는 온몸이 얼음처럼 굳어졌다. 내가 은행털이범과 관련이 있다니! 잘못하면 내가 범인으로 몰리는 것은 아닐까?

형사 아저씨는 전화를 하면서 자동차를 타고 사라졌다. 나는 멍한 얼굴로 자동차 꽁무니를 바라봤다. 대체 내게 무슨 일이 벌어지고 있는 것일까?